Věřit Bohu znamená spolehnout se na to, v co doufáme

Dr. Jaerock Lee

*„Věřit Bohu znamená spolehnout se na to,
v co doufáme, a být si jist tím, co nevidíme.
K takové víře předků se Bůh přiznal svým svědectvím.
Ve víře chápeme, že Božím slovem byly založeny světy,
takže to, na co hledíme, nevzniklo z viditelného."*
(Židům 11:1-3)

Věřit Bohu znamená spolehnout se na to, v co doufáme:
Dr. Jaerock Lee
Vydavatelství Urim Books (Zástupce: Kyungtae Noh)
73, Yeouidaebang-ro 22-gil, Dongjak-gu, Seoul Korea
www.urimbooks.com

Tato kniha ani žádná její část se bez předchozího písemného povolení vydavatele nesmí žádným způsobem množit, ukládat do vyhledávacího systému nebo jakoukoliv formou či jakýmkoliv způsobem rozšiřovat, ať už elektronicky, mechanicky, fotokopírováním, nahráváním nebo jinak.

Pokud není uvedeno jinak, všechny citace z Písma pocházejí z Bible svaté, ČESKÉHO EKUMENICKÉHO PŘEKLADU, ®, Copyright © 1995 vydaného Českou biblickou společností. Použito s povolením.

Copyright © 2018 Dr. Jaerock Lee
ISBN: 979-11-263-0451-6   03230
Copyright překladu © 2010 Dr. Esther K. Chung. Použito s povolením.

Předtím vydáno v roce 1990 v korejštině vydavatelstvím Urim Books

První vydání Říjen 2018

Úpravy: Dr. Geumsun Vin
Vnější úprava: Vydavatelství Urim Books
Tisk: Tiskařství Prione
Více informací získáte na: urimbook@hotmail.com

Proslov

Nade vše jiné vzdávám všechny své díky a slávu Bohu Otci, který nás vedl k vydání této knihy.

Bůh, který je láska, poslal svého jediného Syna, Ježíše Krista, jako oběť usmíření za lidstvo, které bylo odsouzeno k smrti kvůli svému hříchu už od neposlušnosti Adama, a připravil pro nás cestu ke spasení. S vírou v tuto skutečnost jsou každému, kdo otevře své srdce a přijme Ježíše Krista jako svého Spasitele, odpuštěny všechny jeho hříchy, získá dar Ducha svatého a je Bohem považován za Boží dítě. Kromě toho je jako Boží dítě oprávněn dostávat odpovědi na cokoliv, oč s vírou požádá. Výsledkem toho je život v hojnosti prostý nedostatku a zároveň bude moci takový člověk vítězně překonat svět.

Bible nám říká, že otcové víry věřili v Boží moc stvořit něco z ničeho. Zakoušeli úžasné Boží skutky. Náš Bůh je stejný včera i dnes i zítra a svou úžasnou mocí stále koná stejné skutky pro ty, kdo věří a uskutečňují Boží slovo zaznamenané v Bibli.

Ve své službě jsem se během posledních deseti let opakovaně stával svědkem toho, jak nespočet členů církve Manmin dostalo od Boha odpovědi na své modlitby a jak Bůh vyřešil nejrůznější problémy, kterými trpěli ve svých životech a to proto, že věřili slovu pravdy, zachovávali ho a uměli vzdát Bohu velikou slávu. Když věřili Božímu slovu, které říká: „*Království nebeské trpí násilí a násilníci po něm sahají*" (Matouš 11:12) a namáhali se, modlili se a uskutečňovali Boží slovo, aby získali ještě větší víru, byli pro mě vzácnější a krásnější než cokoliv jiného.

Toto dílo je určeno těm, kdo si dychtivě přejí vést vítězné životy tak, že získají opravdovou víru k tomu, aby oslavovali Boha, šířili Boží lásku a sdíleli evangelium Pána Ježíše Krista. Za posledních dvacet let jsem velmi často kázal slovo pod titulem „Víra" a díky tomu, že jsem ze svých kázání udělal výběr, řádně je uspořádal a sestavil k vydání, mohla být vytištěna tato kniha.

Mým přáním je, aby toto dílo, *Věřit Bohu znamená spolehnout se na to, v co doufáme*, sehrálo roli majáku, který bude pro nespočetné duše představovat průvodce k opravdové víře.

Vítr fouká, kam se mu zachce a je našim očím neviditelný. Přesto, když vidíme, jak se listí stromů pohupuje ve větru, můžeme vnímat jeho opravdovost. Ze stejného důvodu, ačkoliv nedokážete vidět Boha pouhým okem, Bůh je živý a opravdu existuje. To je důvod, proč ho v souladu s vaší vírou v něho, ať po něm toužíte do jakékoliv míry, budete moci vidět, slyšet, vnímat jeho přítomnost a zakusit ho.

Jaerock Lee

Obsah

Věřit Bohu znamená spolehnout se na to, v co doufáme

Proslov

Kapitola 1
Tělesná víra a duchovní víra   1

Kapitola 2
Soustředění na sebe je Bohu nepřátelské   13

Kapitola 3
Bořit veškeré výmysly a teorie   27

Kapitola 4
Zasít semínko víry   41

Kapitola 5
„‚‚Můžeš-li!' Všechno je možné!"   55

Kapitola 6
Daniel spoléhal pouze na Boha   69

Kapitola 7
Bůh opatří   81

Kapitola 1

Tělesná víra a duchovní víra

Věřit Bohu znamená spolehnout se na to,
v co doufáme, a být si jist tím, co nevidíme.
K takové víře předků se Bůh přiznal svým svědectvím.
Ve víře chápeme, že Božím slovem byly založeny světy,
takže to, na co hledíme, nevzniklo z viditelného.

Židům 11:1-3

Každého pastora velmi těší, když vidí, jak jeho stádo získává opravdovou víru a oslavuje Boha s opravdovou vírou. Na jednu stranu, když někteří z věřících vydávají svědectví o živém Bohu a svědčí svými životy v Kristu, pastor se může radovat a stát se vřelejším ve svém úkolu, který mu Bůh přidělil. Na druhou stranu, když někteří další selhávají ve své víře a upadají do zkoušek a utrpení, pastor musí cítit bolest a jeho srdce se trápí.

Bez víry je nejenom nemožné zalíbit se Bohu a dostávat od něj odpovědi na vaše modlitby, ale bude pro vás i velmi obtížné získat naději v nebe a vést řádný život ve víře. Víra je nejdůležitější základ v křesťanském životě. Je to zkratka ke spasení a v zásadě nezbytnost k získávání Božích odpovědí. V dnešní době se mnoha lidem nedaří získat opravdovou víru, protože nemají ani potuchy o tom, jaká je správná definice víry. Nedaří se jim dosáhnout jistoty spasení. Nedaří se jim chodit ve světle a nedaří se jim dostávat od Boha odpovědi na své modlitby, ačkoliv vyznávají svou víru v Boha.

Víra je obecně rozdělena do dvou kategorií: Na tělesnou víru a duchovní víru. Tato první kapitola vám vysvětlí, co je opravdová víra a jak můžete prostřednictvím opravdové víry dostávat od Boha odpovědi na své modlitby a být vedeni na stezku k věčnému životu.

1. Tělesná víra

Když věříte tomu, co vidíte na vlastní oči a věcem, které jsou v souladu s vaším poznáním a myšlením, je vaše víra vírou, které se říká „tělesná víra." S touto tělesnou vírou můžete věřit pouze těm věcem, které jsou vytvořeny z viditelných věcí. Například věříte, že je psací stůl vyroben ze dřeva.

Tělesná víra se také nazývá „víra jako vědomost." S touto tělesnou vírou věříte pouze tomu, co je ve shodě s vědomostmi uloženými ve vašem mozku a s vašimi myšlenkami. Můžete bezpochyby věřit, že je psací stůl vyroben ze dřeva, protože jste viděli nebo slyšeli, že se psací stůl vyrábí ze dřeva a uvědomujete si tuto skutečnost.

Lidé mají ve svém mozku paměťový systém. Od narození do něj vkládají mnoho rozličných vědomostí. Ukládají si do mozkových buněk vědomosti, ke kterým přišli díky tomu, že něco viděli, slyšeli nebo si osvojili prostřednictvím svých rodičů, bratrů a sester, přátel a sousedů nebo se naučili ve škole. Tyto uložené vědomosti pak využívají podle své potřeby.

Ne každá vědomost uložená v jejich mozku však je pravdivá. Boží slovo je pravda, protože platí navěky, zatímco poznání tohoto světa podléhá snadno změně a je to především směsice pravdy a nepravdy. Protože nemají úplné poznání pravdy, neuvědomují si lidé ze světa, že nepravdy se často nesprávně používají, jako by byly pravdami. Například, lidé věří tomu, že evoluční teorie je pravdivá, protože se ve škole učili pouze evoluční teorii, aniž by poznali Boží slovo.

Ti, kdo byli vyučováni pouze té skutečnosti, že věci jsou vytvořeny z něčeho, co už existuje, nemohou uvěřit tomu, že něco je vytvořeno z ničeho.

Pokud je člověk, který má tělesnou víru, nucen uvěřit tomu, že něco je učiněno z ničeho, tak ho vědomosti, které si uložil a věřil jim už od svého narození, chrání před tím, aby tomu uvěřil. Doprovázejí ho pochybnosti a jemu se nedaří tomu uvěřit.

Ve třetí kapitole Janova evangelia přišel k Ježíši člen židovské rady jménem Nikodém a vedl s ním duchovní rozhovor. Během konverzace ho Ježíš vyzval slovy: *„Jestliže nevěříte, když jsem vám mluvil o pozemských věcech, jak uvěříte, budu-li mluvit o nebeských?"* (v. 12)

Když začínáte svůj křesťanský život, ukládáte si do paměti vědomosti z Božího slova do té míry, do jaké ho slyšíte. Nedokážete mu ale zcela uvěřit od počátku a vaše víra je shledána tělesnou. S touto tělesnou vírou ve vás vzrůstají pochybnosti a vám se nedaří žít podle Božího slova, komunikovat s Bohem a získat si jeho lásku. To je důvod, proč je tělesná víra také nazývána „víra bez skutků" nebo „mrtvá víra."

Tělesnou vírou nemůžete být spaseni. V Matoušovi 7:21 Ježíš řekl: *„Ne každý, kdo mi říká ,Pane, Pane,' vejde do království* *nebeského; ale ten, kdo činí vůli mého Otce v nebesích"* a v Matoušovi 3:12 řekl: *„Lopata je v jeho ruce; a pročistí svůj mlat, svou pšenici shromáždí do sýpky, ale plevy spálí neuhasitelným ohněm."* Zkrátka, pokud neuskutečňujete Boží slovo a vaše víra se ukáže být vírou bez skutků, nemůžete vejít do nebeského království.

2. Duchovní víra

Když věříte ve věci, které nelze vidět a věci, které nejsou v souladu s lidským myšlením a věděním, můžete být pokládáni za ty, kdo mají duchovní víru. Touto duchovní vírou můžete věřit, že něco je učiněno z ničeho.

Co se týče duchovní víry, verš Židům 11:1 ji definuje následovně: *„Věřit Bohu znamená spolehnout se na to, v co doufáme, a být si jist tím, co nevidíme."* Jinými slovy, když se díváte na věci duchovním zrakem, věci se pro vás stanou realitou, a když vidíte očima víry, co vidět nelze, objeví se přesvědčení, kterému dokážete věřit. Co nemůže být učiněno tělesnou vírou, což je „víra jako vědomost", bude umožněno a zjeveno jako realita duchovní vírou.

Například, když se Mojžíš díval na věci očima víry, bylo Rudé moře rozděleno na dvě části a izraelský lid ho překročil po suché zemi (Exodus 14:21-22). A když Jozue, Mojžíšův nástupce, a jeho lid pohlédli na město Jericho a pochodovali okolo něj po 7 dní a potom vydali mohutný pokřik směrem k městským hradbám, město se zhroutilo (Jozue 6:12-20). Abraham, otec víry, dokázal uposlechnout Boží příkaz a jít obětovat svého jediného syna Izáka, který byl semínkem Božího příslibu, protože věřil, že Bůh dokáže vzkřísit mrtvého člověka (Genesis 22:3-12). To je jeden důvod, proč se duchovní víra nazývá „víra doprovázená skutky" a „živá víra."

List Židům 11:3 říká: „*Ve víře chápeme, že Božím slovem byly založeny světy, takže to, na co hledíme, nevzniklo z viditelného.*" Nebe a země a všechny věci na nich včetně slunce, měsíce, hvězd, stromů, ptáků, ryb a zvěře, byly stvořeny slovem Boha a on učinil lidstvo z prachu země. Všechno toto bylo učiněno z ničeho a této skutečnosti můžeme věřit a chápat ji pouze díky duchovní víře.

Ne všechno bylo viditelné našim očím nebo viditelnou realitou, ale z Boží moci, to znamená jeho slovem, bylo učiněno všechno. To je důvod, proč vyznáváme, že Bůh je všemohoucí a vševědoucí a že od něho můžeme dostat cokoliv, oč s vírou požádáme. To proto, že všemohoucí Bůh je náš Otec a my jsme jeho děti, takže pro nás udělá všechno tak, jak jsme uvěřili.

Abyste od něj díky víře obdrželi odpovědi a zakusili zázraky, musíte svou tělesnou víru proměnit ve víru duchovní. Nejprve ze všeho musíte rozumět, že vědomosti uložené ve vašem mozku od vašeho narození a utvořená tělesná víra založená na těchto vědomostech vám brání získat duchovní víru. Musíte zničit tyto vědomosti, které přinášejí pochybnosti a odstranit vědomosti, které byly mylně uloženy ve vašem mozku. Do té míry, do jaké posloucháte a chápete Boží slovo, se ve vás vzrůstající měrou ukládá poznání ducha a do té míry, do jaké se stáváte svědky znamení a zázraků zjevených Boží mocí a zakoušíte důkazy živého Boha, které se projevují prostřednictvím svědectví mnoha věřících, vás opouštějí pochybnosti a vaše duchovní víra roste.

Do té míry, do jaké roste vaše duchovní víra, můžete žít podle Božího slova, komunikovat s Bohem a dostávat od něj odpovědi. Až vás nadobro opustí veškeré pochybnosti, můžete se postavit na skálu víry a být pokládáni za ty, kdo mají pevnou víru, se kterou můžete vést vítězný život a obstát v jakékoliv zkoušce.

Co se týče skály víry, tak nás Jakubův list 1:6 varuje: *„Nechť však prosí s důvěrou a nic nepochybuje. Kdo pochybuje, je podoben mořské vlně, hnané a zmítané vichřicí"* a Jakubův list 2:14 se nás ptá: *„Co je platné, moji bratří, když někdo říká, že má víru, ale přitom nemá skutky? Může ho snad ta víra spasit?"*

Proto vás nabádám, abyste pamatovali, že pouze když zavrhnete všechny pochybnosti, postavíte se na skálu víry a projevíte skutky víry, můžete být považováni za ty, kdo získali duchovní a opravdovou víru, díky které mohou být spaseni.

3. Opravdová víra a věčný život

Podobenství o deseti družičkách zaznamenané ve 25. kapitole Matoušova evangelia nás může mnohému naučit. Podobenství říká, že si deset družiček vzalo své lampy a vyšly naproti ženichovi. Pět z nich bylo rozumných a vzalo si spolu s lampami i olej v nádobkách, takže úspěšně přivítaly ženicha. Zbylých pět však bylo pošetilých, a protože si s sebou nevzaly s lampami i olej, nemohly se setkat s ženichem. Toto podobenství nám osvětluje, že mezi věřícími budou někteří, kteří vedou věrné věřící životy a připravují se na návrat Pána s duchovní vírou, spaseni, zatímco jiní, kteří se řádně nepřipravují, nebudou moci získat spasení, protože jejich víra je mrtvá víra, kterou nedoprovázejí skutky.

Prostřednictvím Matouše 7:22-23 nás Ježíš vybízí, že i když mnozí prorokovali, vymítali zlé duchy a činili zázraky v jeho jménu, ne všichni z nich mohou být spaseni. To proto, že se ukážou být plevelem, který nekonal Boží vůli, ale namísto toho uskutečňoval nepravosti a dopouštěl se hříchů.

Jak můžeme rozlišovat mezi pšenicí a plevelem? *Kompaktní oxfordský anglický slovník (The Compact Oxford English Dictionary)* odkazuje na ‚plevel' jako na ‚slupky zrní nebo jiných semínek oddělených tříděním nebo mlácením.' Plevel v duchovním slova smyslu symbolizuje věřící, u kterých se zdá, že žijí podle Božího slova, ale dopouštějí se zla, aniž by změnili svá srdce podle pravdy. Každou neděli chodí do církve, dávají desátky, modlí se k Bohu, starají se o slabší členy a slouží v církvi, ale dělají všechny tyto věci, ne před Bohem, ale aby se předvedli před očima lidí okolo. To je důvod, proč jsou vytříděni jako plevel a nemohou získat spasení.

Pšenice se vztahuje na věřící, kteří se obrátili v člověka ducha podle slova pravdy Boha a dosáhli víry, která je neotřesitelná za jakýchkoliv okolností a neodklání se ani nalevo ani napravo. Všechno dělají s vírou: Postí se s vírou a modlí se k Bohu s vírou, takže mohou od Boha dostat odpovědi na své modlitby. Nejednají z donucení druhých lidí, ale dělají všechno s radostí a díkůvzdáním. Protože následují hlas Ducha svatého, aby se zalíbili Bohu, a jednají s vírou, jejich duši se dobře daří, všechno se v jejich životě ubírá dobrým směrem a oni se těší dobrému zdraví.

Nyní vás proto nabádám, abyste zkoumali sami sebe, zda uctíváte Boha v duchu a v pravdě nebo usínáte a následujete prázdné myšlenky a soudíte Boží slovo během bohoslužeb. Musíte se rovněž podívat zpět na to, zda dáváte desátky a jiné finanční dary s radostí nebo zaséváte pouze střídmě či neochotně kvůli zrakům druhých. Čím pevněji roste vaše duchovní víra, tím více skutků vás bude doprovázet. A do té míry, do jaké uskutečňujete Boží slovo, je vám dána živá víra a vy přebýváte v Boží lásce a požehnání, kráčíte s Bohem a jste ve všem úspěšní. Sestoupí na vás všechna požehnání zaznamenaná v Bibli, protože Bůh je věrný svým příslibům, zrovna jak je napsáno v Numeri

23:19: „*Bůh není člověk, aby lhal, ani lidský syn, aby litoval. Zdali řekne, a neučiní, promluví, a nedodrží?*"

Nicméně pokud navštěvujete bohoslužby v církvi a pravidelně se modlíte a horlivě sloužíte v církvi, ale přesto se vám nedaří získat touhy vašeho srdce, potom musíte chápat, že je něco špatně na vaší straně.

Pokud máte opravdovou víru, musíte následovat a uskutečňovat Boží slovo. Namísto toho, abyste trvali na svém vlastním myšlení a vědomostech, měli byste uznat, že pouze Boží slovo je pravda a nabrat odvahu ke zničení čehokoliv, co stojí proti Božímu slovu. Musíte odhodit zlo v každé podobě prostřednictvím toho, že budete horlivě poslouchat Boží slovo a dosáhnete posvěcení skrze ustavičné modlitby.

Není pravda, že jste spaseni jednoduše tím, že navštěvujete bohoslužby v církvi a tím, že posloucháte Boží slovo a ukládáte si ho do hlavy ve formě vědomosti. Dokud ho neuskutečňujete, je to mrtvá víra bez skutků. Pouze když získáte opravdovou a duchovní víru a konáte Boží vůli, budete moci vstoupit do nebeského království a těšit se z věčného života.

Kéž si uvědomíte, že Bůh chce, abyste měli duchovní víru doprovázenou skutky a těšili se věčnému životu a privilegiu Božích dětí s opravdovou vírou!

Kapitola 2

Soustředění na sebe je Bohu nepřátelské

„Ti, kdo dělají jen to,
co sami chtějí, tíhnou k tomu, co je tělesné;
ale ti, kdo se dají vést Duchem,
tíhnou k tomu, co je duchovní.
Dát se vést sobectvím znamená smrt,
dát se vést Duchem je život a pokoj.
Soustředění na sebe je Bohu nepřátelské,
neboť se nechce ani nemůže podřídit Božímu zákonu.
Ti, kdo žijí jen z vlastních sil,
nemohou se líbit Bohu."

Římanům 8:5-8

V dnešní době existuje mnoho lidí, kteří navštěvují církev a vyznávají svou víru v Ježíše Krista. To je pro nás dobrá a šťastná zpráva. Náš Pán Ježíš Kristus však v Matoušovi 7:21 řekl: „*Ne každý, kdo mi říká ,Pane, Pane', vejde do království nebeského; ale ten, kdo činí vůli mého Otce v nebesích.*" A v Matoušovi 7:22-23 dodal: „*Mnozí mi řeknou v onen den: ,Pane, Pane, což jsme ve tvém jménu neprorokovali a ve tvém jménu nevymítali zlé duchy a ve tvém jménu neučinili mnoho mocných činů?' A tehdy já prohlásím: ,Nikdy jsem vás neznal; jděte ode mne, kdo se dopouštíte nepravosti.'*"

A Jakubův list 2:26 nám říká: „*Jako je tělo bez ducha mrtvé, tak je mrtvá i víra bez skutků.*" To je důvod, proč musíte učinit svou víru dokonalou prostřednictvím skutků poslušnosti, abyste mohli být uznáni za skutečné Boží děti, které dostanou cokoliv, oč požádají.

Potom, co přijmeme Ježíše Krista jako svého Spasitele, začneme svou mysl soustředit na Boží zákon, těšit se z něho a sloužit mu. Nicméně pokud se nám nedaří dodržovat Boží nařízení, potom sloužíme zákonu hříchu svým sobectvím a nedaří se nám Bohu zalíbit. To proto, že tělesné myšlenky nás uvrhají do nepřátelského postavení vůči Bohu a my nejsme schopni se podřídit Božímu zákonu.

Pokud však zavrhneme tělesné myšlenky a následujeme duchovní myšlenky, můžeme být vedeni Božím duchem, dodržovat Boží nařízení a líbit se mu právě takovým způsobem, jakým Ježíš naplnil zákon láskou. Sestupuje na nás tudíž Boží příslib říkající: „Všechno je možné tomu, kdo věří."

Ponořme se nyní do toho, co znamená rozdíl mezi tělesnými a duchovními myšlenkami. Podívejme se, proč jsou tělesné myšlenky nepřátelské vůči Bohu a jak se můžeme tělesným myšlenkám vyhnout a chodit podle Ducha stejně jako se zalíbit Bohu.

1. Tělesný člověk myslí na tělesné touhy, zatímco duchovní člověk touží po věcech Ducha

1) Tělo a touhy těla.

V Bibli nalezneme takovou terminologii jako ‚tělo', ‚věci těla', ‚touhy těla' a ‚skutky těla.' Tato slova jsou si svým významem podobná a všechno s nimi související se rozpadne a zmizí, jakmile opustíme tento svět.

Činy/skutky těla jsou zaznamenány v Galatským 5:19-21: *„Skutky lidské svévole jsou zřejmé: necudnost, nečistota, bezuzdnost, modlářství, čarodějství, rozbroje, hádky, žárlivost, vášeň, podlost, rozpory, rozkoly, závist, opilství, nestřídmost a podobné věci. Řekl jsem už dříve a říkám znovu, že ti, kteří takové věci dělají, nebudou mít podíl na království Božím."*

V Římanům 13:12-14 nás apoštol Pavel upozorňuje na touhy těla slovy: *„Noc pokročila, den se přiblížil. Odložme proto skutky tmy a oblecme se ve zbroj světla. Žijme řádně jako za* *denního světla: ne v hýření a opilství, v nemravnosti a bezuzdnostech, ne ve sváru a závisti, nýbrž oblecte se v Pána Ježíše Krista a nevyhovujte svým sklonům, abyste nepropadali vášním."*

Máme mysl a máme myšlenky. Když ve své mysli uchováváme hříšné touhy a nepravdy, nazývají se tyto hříšné touhy a nepravdy „touhy těla" a když na sebe tyto hříšné touhy vezmou podobu skutků, nazývají se „skutky těla." Touhy a skutky těla jsou proti pravdě, takže nikdo, kdo se jim oddává, nemůže zdědit Boží království.

Proto nás Bůh varuje v 1 Korintským 6:9-10: *„Což nevíte, že nespravedliví nebudou mít účast v Božím království? Nemylte se: Ani smilníci, ani modláři, ani cizoložníci, ani nemravní, ani zvrácení, ani zloději, ani lakomci, opilci, utrhači, lupiči nebudou mít účast v Božím království"* a také v 1 Korintským 3:16-17: *„Nevíte, že jste Boží chrám a že Duch Boží ve vás přebývá? Kdo ničí chrám Boží, toho zničí Bůh; neboť Boží chrám je svatý, a ten chrám jste vy."*

Jak je řečeno v pasáži výše, musíte si uvědomit, že nespravedliví, kteří se dopouštějí hříchů a zla skutky, nemohou mít účast v Božím království – ti, kdo konají skutky těla, nemohou být spaseni. Zůstaňte bdělí, abyste neupadli do pokušení kazatelů, kteří říkají, že můžeme být spaseni samotnou skutečností, že chodíme do církve. Ve jménu našeho Pána Ježíše Krista vás zapřísahám, abyste neupadli do pokušení a to tak, že budete pečlivě zkoumat Boží slovo.

2) Duch a touhy Ducha.

Člověk se skládá z ducha, duše a těla; naše tělo je pomíjivé. Tělo je pouze sídlem našeho ducha a duše. Duch a duše jsou nepomíjitelné entity, které mají na starosti fungování naší mysli a obdařují nás životem.

Duch se dá rozdělit do dvou kategorií: Duch, který náleží Bohu a duch, který nenáleží Bohu. Proto 1 Janův 4:1 říká: *"Milovaní, nevěřte každému vnuknutí, nýbrž zkoumejte duchy, zda jsou z Boha; neboť mnoho falešných proroků vyšlo do světa."*

Duch Boží nám pomáhá vyznat, že Ježíš Kristus přišel v těle a vede nás k tomu, abychom poznali, co nám Bůh daroval (1 Janův 4:2; 1 Korintským 2:13).

V Janovi 3:6 Ježíš řekl: *"Co se narodilo z těla, je tělo, co se narodilo z Ducha, je duch."* Pokud přijmeme Ježíše Krista a obdržíme Ducha svatého, přichází Duch svatý do našeho srdce, posiluje nás, abychom rozuměli Božímu slovu, pomáhá nám žít podle slova pravdy a vede nás k tomu, abychom se stali lidmi ducha. Když přichází Duch svatý do našeho srdce, znovu oživí našeho mrtvého ducha, proto se říká, že jsme se znovu narodili z Ducha a stali se posvěcenými prostřednictvím obřezání srdce.

Náš Pán Ježíš Kristus řekl v Janovi 4:24: *"Bůh je Duch a ti, kdo ho uctívají, mají tak činit v Duchu a v pravdě."* Duch patří do čtyřrozměrného světa a tak Bůh, který je duch, nejenom vidí srdce každého z nás, ale také o nás všechno ví. V Janovi 6:63, kde se říká: „Co dává život, je Duch, tělo samo nic neznamená. Slova, která jsem k vám mluvil, jsou Duch a jsou život," nám Ježíš vysvětluje, že nám Duch svatý dává život a že Boží slovo je duch.

A Jan 14:16-17 říká: „A já požádám Otce a on vám dá jiného Přímluvce, aby byl s vámi navěky – Ducha pravdy, kterého svět nemůže přijmout, poněvadž ho nevidí ani nezná. Vy jej znáte, neboť s vámi zůstává a ve vás bude." Pokud obdržíme Ducha svatého a staneme se Božími dětmi, Duch svatý nás povede k pravdě.

Potom, co přijmeme Pána, v nás přebývá Duch svatý a dává v nás život duchu. Vede nás k pravdě a pomáhá nám uvědomit si veškerou nepravost, činit pokání z hříchů a odvrátit se od nich. Pokud kráčíme proti pravdě, Duch svatý v nás sténá, způsobuje, že se cítíme utrápeně, povzbuzuje nás k tomu, abychom si uvědomili své hříchy a dosáhli posvěcení.

Navíc je Duch svatý nazýván Duchem Božím (1 Korintským 12:3) a Duchem Páně (Skutky 5:9; 8:39). Duch Boží je věčná pravda, Duch dávající život a vede nás k věčnému životu.

Na druhou stranu, duch, který nepatří Bohu, ale je proti Duchu Božímu, nevyznává, že Ježíš přišel na tento svět v těle a nazývá se ‚duch světa' (1 Korintským 2:12), ‚duch antikristův' (1

Janův 4:3), ‚duch klamu' (1 Janův 4:6) a ‚nečistý duch' (Zjevení 16:13). Všichni tito duchové pocházejí od ďábla. Nejsou z Ducha pravdy. Tito duchové nepravdy nedávají život, ale namísto toho ženou lidi do záhuby.

Duch svatý se vztahuje na dokonalého Ducha Božího, a tudíž když přijmeme Ježíše Krista a staneme se Božími dětmi, dostaneme Ducha svatého. Duch svatý dává život duchu a spravedlnosti v nás a posiluje nás, abychom nesli ovoce Ducha svatého, spravedlnost a světlo. Jak se skrze toto působení Ducha svatého podobáme Bohu, Bůh nás povede, budeme nazváni syny Božími a budeme nazývat Boha „Abba, Otče!", protože jsme přijali Ducha synovství (Římanům 8:12-15).

Proto do té míry, do jaké jsme vedeni Duchem svatým, neseme ovoce Ducha svatého, kterým je láska, radost, pokoj, trpělivost, laskavost, dobrota, věrnost, tichost a sebeovládání (Galatským 5:22-23). Rovněž neseme ovoce spravedlnosti a ovoce světla, které se skládá z dobroty, spravedlnosti a pravdy, se kterými můžeme dosáhnout úplného spasení (Efezským 5:9).

2. Tělesné myšlenky vedou k smrti, ale duchovní myšlenky vedou k životu a pokoji

Pokud následujete tělo, začnete svou mysl upínat na to, co je tělesné. Budete žít podle těla a dopouštět se hříchů. Potom, podle Božího slova, které říká, že "Mzdou hříchu je smrt," nemůžete jinak, než být vedeni k smrti. To je důvod, proč nás Pán žádá: "*Co je platné, moji bratří, když někdo říká, že má víru, ale přitom nemá skutky? Může ho snad ta víra spasit? Stejně tak i víra, není-li spojena se skutky, je sama o sobě mrtvá*" (Jakubův list 2:14, 17).

Dáte-li se vést sobectvím, nezpůsobí to pouze, že budete hřešit a trápit se na této zemi, ale nebudete moci mít účast v nebeském království. A tak to musíte mít na paměti a usmrcovat skutky těla, abyste mohli získat věčný život (Římanům 8:13).

Na druhou stranu, pokud následujete Ducha, upnete svou mysl na Ducha a snažíte se ze všech sil žít podle pravdy. Potom vám Duch svatý pomůže bojovat proti nepříteli ďáblu a satanovi, zavrhovat nepravdy a chodit v pravdě. Pak se stanete posvěcenými.

Dejme tomu, že vás někdo bez nejmenšího důvodu uhodí do tváře. Může vás to rozzuřit, ale můžete namísto toho zahnat tělesné myšlenky a následovat ty duchovní tím, že si připomenete ukřižování Ježíše. Protože nám Boží slovo říká, abychom tomu, kdo nás uhodí do tváře, nastavili druhou tvář a radovali se za všech okolností, dokážete druhému odpustit, trpělivě vytrvat a sloužit mu. V důsledku toho se nebudete znepokojovat. Takto můžete získat do svého srdce pokoj. Dokud se nestanete posvěcenými, můžete toužit po tom takového člověka pokárat a napomenout, protože ve vás setrvává zlo. Ale potom, co zavrhnete každou podobu zla, pocítíte k němu lásku, ačkoliv budete vědět, že chyba je na jeho straně. Tudíž pokud upnete svou mysl na ducha, usilujete o duchovní věci a chodíte ve slově pravdy. Potom můžete ve výsledku získat spasení a opravdový život a váš život bude naplněn pokojem a požehnáním.

3. Tělesné myšlenky jsou Bohu nepřátelské

Tělesné myšlenky vám brání v modlitbách k Bohu, zatímco ty duchovní vás nabádají se k němu modlit. Tělesné myšlenky vedou k nepřátelství a hádkám, zatímco duchovní vedou k lásce a pokoji. Podobně, tělesné myšlenky jsou proti pravdě a jsou vlastně vůlí a myšlenkami nepřítele ďábla. To je důvod, proč v případě, že pokračujete v následování tělesných myšlenek, dojde k vytvoření bariéry mezi vámi a Bohem, která se dostane do cesty Boží vůli pro vás.

Tělesné myšlenky nepřinášejí žádný pokoj, ale pouze obavy, starosti a problémy. Zkrátka, tělesné myšlenky jsou zcela pomíjivé a nic nepřinášejí. Náš Otec Bůh je všemohoucí a vševědoucí a jako Stvořitel vládne nad nebem a zemí a všemi věcmi na nich, také nad naším duchem a tělem. Co by nám, svým milovaným dětem, nemohl dát? Je-li váš otec prezidentem veliké průmyslové společnosti, nebudete se nikdy muset obávat o peníze a je-li váš otec skvělý lékař, bude vám vždy zaručeno dobré zdraví.

Jak řekl Ježíš v Markovi 9:23: „*Můžeš-li! Všechno je možné tomu, kdo věří,*" duchovní myšlenky vám přinášejí víru a pokoj, zatímco tělesné myšlenky vám brání v tom, abyste dosáhli Boží vůle a skutků tím, že vám přinášejí obavy, starosti a problémy. To je důvod, proč se ohledně tělesných myšlenek v Římanům 8:7 říká: „*Soustředění na sebe je Bohu nepřátelské, neboť se nechce ani nemůže podřídit Božímu zákonu.*"

Jsme Boží děti, které slouží Bohu a nazývají ho „Otče." Pokud nemáte žádnou radost, ale cítíte se namísto toho znepokojeně, sklíčeně a ustaraně, tak ať je to jak chce, dokazuje to, že následujete tělesné myšlenky iniciované nepřítelem ďáblem a satanem namísto duchovních myšlenek, které dává Bůh. Potom z toho musíte neprodleně činit pokání, odvrátit se od toho a usilovat o duchovní myšlenky. To proto, že se můžeme podřídit Bohu a poslouchat ho pouze s duchovním myšlením.

4. Ti, kdo žijí jen z vlastních sil, nemohou se líbit Bohu

Ti, kdo tíhnou k tomu, co je tělesné, jsou proti Bohu a nepodřizují se a nedokážou se podřídit Božímu zákonu. Neposlouchají Boha, nedokážou se mu zalíbit a nakonec trpí zkouškami a problémy.

Protože Abraham, otec víry, vždy usiloval o duchovní

myšlenky, dokázal poslechnout dokonce i Boží příkaz, který po něm žádal, aby obětoval svého jediného syna Izáka jako zápalnou oběť. Na druhou stranu, král Saul, který následoval tělesné myšlenky, byl nakonec opuštěn, Jonáše zase zastihla silná bouře a spolkla ho velryba a Izraelci museli po vyjití z Egypta snášet 40 let těžký život v poušti.

Když následujete duchovní myšlenky a projevujete skutky víry, může vám Bůh dát touhy vašeho srdce, zrovna jako to zaslíbil v Žalmu 37:4-6: *„Hledej blaho v Hospodinu, dá ti vše, oč požádá tvé srdce. Svou cestu svěř Hospodinu, doufej v něho, on sám bude jednat. Dá, že tvoje spravedlnost zazáří jak světlo, jako polední jas tvoje právo."*

Každý, kdo opravdově věří v Boha, musí zahnat veškerou neposlušnost způsobenou skutky nepřítele ďábla, dodržovat Boží přikázání a dělat věci, které se líbí Bohu. Potom se stane člověkem ducha, který bude moci dostat cokoliv, oč požádá.

5. Jak můžeme následovat skutky Ducha?

Ježíš, který je Božím Synem, přišel na tuto zemi, stal se pšeničným zrnem pro hříšníky a zemřel pro ně. Připravil cestu ke spasení pro každého, kdo ho přijme, aby se stal Božím dítětem, a sklízel nesčetné ovoce. Usiloval pouze o duchovní věci a poslouchal pouze Boží vůli, přiváděl zpět k životu mrtvé, uzdravoval nemocné z všemožných nemocí a rozšiřoval Boží království.

Co udělat, abyste se podobali Ježíši a zalíbili se Bohu?

Nejdříve ze všeho musíte žít v pomoci Ducha svatého prostřednictvím modliteb. Pokud se nemodlíte, podlehnete působení satana a budete žít podle svých vlastních tělesných myšlenek. Nicméně když se bez ustání modlíte, může ve vašem životě působit Duch svatý, můžete být přesvědčeni o tom, co je správné, můžete být v opozici k hříchu, oproštěni od soudu, můžete následovat touhy Ducha svatého a můžete být v Božích očích spravedliví. Dokonce i Boží syn, Ježíš, uskutečňoval Boží skutky prostřednictvím modliteb. Protože je Boží vůlí bez ustání se modlit, tak pokud se nepřestanete modlit, dokážete následovat pouze duchovní myšlenky a líbit se Bohu.

Za druhé, musíte konat duchovní skutky, i když se vám nechce. Víra bez skutků je jen víra ve formě vědomosti. Je to mrtvá víra. Když víte, co máte udělat, ale neuděláte to, je to hřích. Takže když chcete následovat Boží vůli a líbit se Bohu, musíte projevovat skutky víry.

Za třetí, musíte činit pokání a obdržet moc shůry, abyste mohli získat víru, která je doprovázená skutky. Protože tělesné myšlenky jsou Bohu nepřátelské, nelíbí se mu a stavějí hradbu z hříchů mezi Boha a vás, musíte z nich činit pokání a odhodit je pryč. Pokání je pro dobrý křesťanský život vždycky potřebné, ale abyste je mohli zavrhnout, musíte roztrhnout své srdce a činit z nich pokání.

Pokud se dopouštíte hříchů, o kterých víte, že byste se jich dopouštět neměli, cítíte se ve svém srdci poněkud neklidně. Když činíte pokání z hříchů modlitbami doprovázenými slzami, obavy a starosti vás opustí, budete občerstveni, smířeni s Bohem a budete mít v srdci znovu pokoj. Teprve potom můžete obdržet touhy svého srdce. Pokud pokračujete v modlitbách, abyste se zbavili každé podoby zla, budete činit pokání ze svých hříchů rozerváním svého srdce. Vaše hříšné vlastnosti spálí oheň Ducha svatého a hradba z hříchů bude zničena. Potom budete moci žít podle působení Ducha a líbit se Bohu.

Pokud se cítíte obtěžkáni v srdci potom, co jste přijali Ducha svatého prostřednictvím víry v Ježíše Krista, je to proto, že jste nyní zjistili, že jste kvůli svým tělesným myšlenkám proti Bohu. A tak musíte svými horlivými modlitbami zničit hradbu z hříchů a potom následovat touhy Ducha svatého a konat skutky Ducha v souladu s duchovními myšlenkami. V důsledku toho přijde do vašeho srdce pokoj a radost, Bůh vám odpoví na vaše modlitby a naplní touhy vašeho srdce.

Jak řekl Ježíš v Markovi 9:23: *„Můžeš-li! Všechno je možné tomu, kdo věří,"* kéž každý z vás odhodí tělesné myšlenky, které jsou proti Bohu a kráčí s vírou podle skutků Ducha svatého, abyste se mohli zalíbit Bohu, konat jeho bezmezné skutky a zvětšit jeho království. Takto se modlím ve jménu našeho Pána Ježíše Krista!

Kapitola 3

Bořit veškeré výmysly a teorie

„Jsme ovšem jenom lidé,
ale svůj zápas nevedeme po lidsku.
Zbraně našeho boje nejsou světské,
nýbrž mají od Boha sílu bořit hradby.
Jimi boříme lidské výmysly a všecko,
co se v pýše pozvedá proti poznání Boha.
Uvádíme do poddanství každou mysl,
aby byla poslušna Krista,
a jsme připraveni potrestat každou neposlušnost,
dokud vaše poslušnost nebude úplná."

2 Korintským 10:3-6

Takže ještě jednou, víru lze rozdělit do dvou kategorií: na duchovní víru a tělesnou víru. Tělesnou víru lze rovněž nazvat vírou, která je vědomostí. Když poprvé slyšíte Boží slovo, získáte víru ve formě vědomosti. To je tělesná víra. Ale do té míry, do jaké rozumíte tomuto slovu a uskutečňujete ho, začnete získávat duchovní víru.

Pokud rozumíte duchovnímu významu Božího slova pravdy a položíte základy víry tím, že ho uskutečňujete, Bůh se bude radovat a obdaří vás duchovní vírou. S touto duchovní vírou udělenou shůry dostanete odpovědi na své modlitby a získáte řešení svých problémů. Zakusíte rovněž setkání s živým Bohem.

Díky této zkušenosti vás opustí pochybnosti, budou zničeny lidské myšlenky a teorie a vy budete stát na skále víry, na které vámi nikdy neotřese žádná zkouška nebo neštěstí. Když se stanete člověkem pravdy a srdcem podobní Kristu, znamená to, že jsou trvale položeny základy vaší víry. S těmito základy víry můžete získat cokoliv, oč v této víře požádáte.

Zrovna jako náš Pán Ježíš řekl v Matoušovi 8:13: *„Jdi, a jak jsi uvěřil, tak se ti staň,"* tak pokud získáte dokonalou duchovní víru, jde o víru, se kterou můžcte získat cokoliv, oč požádáte. Budete moci vést život, kterým budete oslavovat Boha ve všem, co budete dělat. Budete přebývat v Boží lásce a jeho útočišti a Bůh ve vás najde veliké zalíbení.

Pojďme se nyní ponořit do několika věcí týkajících se duchovní víry. Jaké jsou překážky pro získání duchovní víry? Jak můžete získat duchovní víru? Jakých požehnání se v Bibli dostalo otcům duchovní víry? A nakonec se podíváme na to, proč byli opuštěni ti, kdo tíhli k tomu, co je tělesné.

1. Překážky pro získání duchovní víry

S duchovní vírou můžete komunikovat s Bohem. Můžete jasně slyšet hlas Ducha svatého. Můžete obdržet odpovědi na své modlitby a prosby. Můžete oslavovat Boha, ať jíte nebo pijete nebo děláte cokoliv jiného. A budete žít v přízni, uznání a jistotě Boha ve vašem životě.

Proč se tedy lidem nedaří získat duchovní víru? Pojďme se nyní podívat na to, jaké faktory nám brání v získání duchovní víry.

1) Tělesné myšlenky.

V Římanům 8:6-7 se říká: *„Dát se vést sobectvím znamená smrt, dát se vést Duchem je život a pokoj. Soustředění na sebe je Bohu nepřátelské, neboť se nechce ani nemůže podřídit Božímu zákonu."*

Mysl lze rozdělit na dvě části; na tu, která má tělesnou přirozenost a na tu, která má duchovní přirozenost. Tělesná mysl se vztahuje na veškeré myšlenky uložené v těle a skládá se ze všemožných nepravd. Tělesné myšlenky náležejí hříchu, protože nejsou v souladu s Boží vůlí. Dávají život smrti, jak je řečeno v

Římanům 6:23: „*Mzdou hříchu je smrt.*" Naopak, duchovní mysl se vztahuje na myšlenky pravdy a je v souladu s Boží vůlí – spravedlností a dobrotou. Duchovní myšlenky plodí život a přinášejí nám pokoj.

Například, dejme tomu, že se setkáte s obtížemi nebo zkouškou, které nelze překonat lidskými silami a schopnostmi. Tělesné myšlenky vám přinesou obavy a starosti. Duchovní myšlenky vás ale povedou k tomu, abyste zavrhli obavy a vzdali díky a radovali se prostřednictvím Božího slova, které říká: „*Stále se radujte, v modlitbách neustávejte. Za všech okolností děkujte, neboť to je vůle Boží v Kristu Ježíši pro vás*" (1 Tesalonickým 5:16-18).

Duchovní myšlenky jsou tudíž přesným protikladem těch tělesných, a tak se s tělesnými myšlenkami nechcete ani nemůžete podřídit Božímu zákonu. To je důvod, proč jsou tělesné myšlenky Bohu nepřátelské a brání nám získat duchovní víru.

2) Činy/skutky těla.

Činy/skutky těla se vztahují na všechny hříchy a zlo, které se projevují jednáním, zrovna jak je popsáno v Galatským 5:19-21: „*Skutky lidské svévole jsou zřejmé: necudnost, nečistota, bezuzdnost, modlářství, čarodějství, rozbroje, hádky, žárlivost, vášeň, podlost, rozpory, rozkoly, závist, opilství, nestřídmost a podobné věci. Řekl jsem už dříve a říkám znovu, že ti, kteří takové věci dělají, nebudou mít podíl na království Božím.*"

Neodhodíte-li skutky těla, nemůžete získat ani duchovní víru ani mít podíl na Božím království. To je důvod, proč vám skutky těla brání v tom, abyste získali duchovní víru.

3) Veškeré teorie.

Websterův přepracovaný kompletní slovník (The Webster's Revised Unabridged Dictionary) definuje „Teorii" jako „Doktrínu nebo schéma věcí, které končí úvahou nebo přemýšlením bez pohledu na praxi; hypotézu; hloubání" nebo „Výklad obecných nebo abstraktních principů vědy." Tato představa teorie je kusem vědomosti, který podporuje stvoření něčeho z něčeho, ale v ničem nám nepomůže, abychom získali duchovní víru. Spíše nám brání získat duchovní víru.

Přemýšlejme nyní o dvou teoriích, teorii stvoření a Darwinově teorii evoluce. Většina lidí se učí ve škole, že lidstvo se vyvinulo z opice. V přímé opozici k tomu nám Bible říká, že člověka stvořil Bůh. Věříte-li ve všemohoucího Boha, musíte si vybrat a držet se toho, že lidi stvořil Bůh, třebaže vás ve škole vyučovali evoluční teorii.

Pouze když se odvrátíte od evoluční teorie, kterou vás učili ve škole, k teorii stvoření Bohem, můžete získat duchovní víru. Jinak vám všechny teorie brání v tom, abyste získali duchovní víru, protože je pro vás nemožné díky evoluční teorii věřit tomu, že něco je učiněno z ničeho. Například, i s rozvojem vědy lidé nedokážou vytvořit semínka života, spermii a vajíčko. Jak by tedy mohlo být možné uvěřit, že něco je vytvořeno z ničeho, pokud by tomu nebylo v rámci aspektů duchovní víry? Musíme proto vyvrátit tyto argumenty a teorie a všechno, co se v pýše a zpupnosti pozvedá proti pravému poznání Boha, a uvádět do poddanství každou mysl, aby byla poslušna Krista.

2. Saul následuje tělesné myšlenky a neposlouchá

Saul byl prvním králem izraelského království, ale nežil v souladu s Boží vůlí. Usedl na trůn na žádost svého lidu. Bůh mu nařídil, aby zaútočil na Amáleka a zničil úplně všechno, co mu patří. Měl usmrtit muže i ženy, děti i kojence, býky i ovce, velbloudy i osly, nikoho a nic nešetřit. Král Saul Amáleka porazil a dosáhl velikého vítězství. Neuposlechl však Boží příkaz, ale ušetřil ty nejlepší ovce a býky.

Saul jednal podle svých tělesných myšlenek a ušetřil Agaga a ty nejlepší kusy z bravu a skotu, z druhého vrhu, a ze skopců a vůbec ze všeho pěkného s touhou to obětovat Bohu. Nebyl ochotný úplně všechno zničit. Toto jednání bylo z Božího pohledu neposlušností a domýšlivostí. Bůh ho za jeho provinění pokáral prostřednictvím proroka Samuela, aby mohl činit pokání a obrátit se zpět. Král Saul se však vymlouval a trval na své vlastní spravedlnosti (1 Samuelova 15:2-21).

V dnešní době existuje mnoho věřících, kteří jednají jako Saul. Neuvědomují si svou očividnou neposlušnost ani ji neuznají, když jsou za ni pokáráni. Namísto toho se vymlouvají a trvají na svých vlastních způsobech podle svých tělesných myšlenek. Nakonec jsou pokládáni za muže a ženy neposlušné Božího slova, kteří dělají jen to, co sami uznají za vhodné jako Saul. Protože se ze 100 lidí všech 100 liší ve svých názorech, tak pokud jednají podle svého vlastního uvážení, nemohou být jednotní. Jestliže jednají podle svých vlastních myšlenek, začnou být neposlušní. Pokud však jednají podle Boží pravdy, budou moci poslechnout a být jednotní.

Bůh poslal k Saulovi proroka Samuela. Saul neuposlechl jeho slovo a prorok řekl Saulovi: *„Vzdor je jako hříšné věštění a svéhlavost jako kouzla a ctění domácích bůžků. Protože jsi zavrhl Hospodinovo slovo, i on zavrhl tebe jako krále"* (1 Samuelova 15:23).

Podobně, pokud někdo spoléhá na lidské myšlenky a nenásleduje Boží vůli, je to neposlušnost Boha, a pokud si neuvědomuje svou neposlušnost ani se od ní neodvrací, nemá na výběr nic jiného, než aby ho Bůh opustil podobně jako Saula.

V 1 Samuelově 15:22 napomenul Samuel Saula slovy: *„Líbí se Hospodinu zápalné oběti a obětní hody víc než poslouchat Hospodina? Hle, poslouchat je lepší než obětní hod, pozorně rozvažovat je víc než tuk beranů."* Bez ohledu na to, jak správné se vaše myšlenky zdají být, jestliže jsou proti Božímu slovu, musíte z nich činit pokání a neprodleně se od nich odvrátit. Kromě toho, musíte své myšlenky uvést do poddanství, aby byly poslušny Boha.

3. Otcové víry, kteří poslouchali Boží slovo

David byl druhým izraelským králem. Už od svého dětství nenásledoval své vlastní myšlenky, ale chodil pouze s vírou v Boha. Nebál se medvědů ani lvů, když pásl své stádo a občas s vírou se lvy a medvědy zápasil a porážel je, aby své stádo ochránil. Později pouze s vírou porazil Goliáše, šampióna Pelištejců. Potom, co David usedl na trůn, došlo jednou k události, kdy David neuposlechl Boží slovo. Když ho za to prorok pokáral, neřekl ani slovo výmluvy, ale ihned činil pokání a odvrátil se od toho, takže se nakonec stal ještě více posvěceným. A tak byl mezi Saulem, člověkem těla, a Davidem, člověkem ducha, veliký rozdíl (1 Samuelova 12:13).

Zatímco pásl stáda v poušti po dobu 40 let, Mojžíš zbořil veškeré výmysly a teorie a stal se před Bohem pokorným, dokud nemohl být Bohem povolán k tomu, aby vyvedl Izraelce z egyptského otroctví.

Když přemýšlel z lidského úhlu pohledu, nazval Abraham svou manželku „sestra." Potom, co se skrze zkoušky stal člověkem ducha, však dokázal uposlechnout dokonce i Boží příkaz, který mu říkal, aby obětoval svého jediného syna Izáka jako zápalnou oběť. Kdyby se spoléhal byť jen trochu na vlastní tělesné myšlenky, nedokázal by tento příkaz ani v nejmenším uposlechnout. Izák byl jeho jediným synem, kterým byl obdařen v pozdějších letech svého života a rovněž měl být semínkem Božího příslibu. A tak z hlediska lidských myšlenek může být pokládáno za nesprávné a nemožné ho rozsekat na kousky jako zvíře a obětovat ho jako zápalnou oběť. Abraham si však vůbec nestěžoval, ale namísto toho věřil, že ho Bůh bude moci vzkřísit z mrtvých a poslechl (Židům 11:19).

Naamán, velitel vojska aramejského krále, byl u svého krále ve veliké vážnosti a oblibě, ale byl postižen malomocenstvím a přišel k prorokovi Elíšovi, aby dosáhl uzdravení ze své nemoci. Ačkoliv přinesl mnoho darů, aby zakusil Boží působení, Elíša ho nepustil dál, ale namísto toho poslal svého služebníka, aby mu řekl: *"Jdi, omyj se sedmkrát v Jordánu a tvé tělo bude opět zdravé. Budeš čist"* (2 Královská 5:10). Naamán to svým tělesným myšlením pokládal za neslušné a urážlivé a rozlítil se.

Nakonec však v sobě zbořil tělesné myšlenky a poslechl příkaz na radu, kterou mu dali jeho služebníci. Ponořil se sedmkrát do Jordánu a jeho tělo bylo opět obnoveno a on byl čist.

Voda symbolizuje Boží slovo a číslo ‚7' znamená dokonalost, takže ‚ponoření se sedmkrát do Jordánu' znamená „stát se dokonale posvěcený Božím slovem." Když se stanete posvěcenými, můžete dosáhnout vyřešení jakéhokoliv problému. Tudíž když Naamán poslechl Boží slovo, které mu předpověděl prorok Elíša, došlo k úžasnému Božímu působení (2 Královská

5:1-14).

4. Jakmile rozptýlíte lidské myšlenky a teorie, dokážete poslechnout

Jákob byl lstivý a napadaly ho všemožné myšlenky, a tak se snažil dosáhnout své vůle různými intrikami. V důsledku toho trpěl po dobu 20 let mnohými obtížemi. Nakonec upadl u řeky Jabok do nesnází. Nemohl se ani vrátit do domu svého strýce kvůli smlouvě uzavřené se svým strýcem ani pokračovat dál, protože jeho starší bratr, Ezau, čekal na druhé straně řeky, aby ho zabil. V této zoufalé situaci byly jeho sebespravedlnost a všechny tělesné myšlenky zcela zbořeny. Bůh pohnul srdcem Ezaua a usmířil ho s jeho bratrem. Takto Bůh otevřel cestu k životu, aby Jákob mohl naplnit Boží prozíravost (Genesis 33:1-4).

V Římanům 8:5-7 Bůh říká: *„Ti, kdo dělají jen to, co sami chtějí, tíhnou k tomu, co je tělesné; ale ti, kdo se dají vést Duchem, tíhnou k tomu, co je duchovní. Dát se vést sobectvím znamená smrt, dát se vést Duchem je život a pokoj. Soustředění na sebe je Bohu nepřátelské, neboť se nechce ani nemůže podřídit Božímu zákonu.“* To je důvod, proč musíme zavrhnout každý názor, každou teorii a každou myšlenku, která vyvstane v opozici k poznání Boha. Musíme uvést do poddanství každou mysl, aby byla poslušna Krista, aby nám v důsledku toho mohla být dána duchovní víra, a my jsme mohli projevit skutky poslušnosti.

V Matoušovi 5:39-42 vydal Ježíš nové nařízení slovy: „*Já však vám pravím, abyste se zlým nejednali jako on s vámi; ale kdo tě uhodí do pravé tváře, nastav mu i druhou; a tomu, kdo by se chtěl s tebou soudit o košili, nech i svůj plášť. Kdo tě donutí k službě na jednu míli, jdi s ním dvě. Kdo tě prosí, tomu dej, a kdo si chce od tebe vypůjčit, od toho se neodvracej.*" Lidskými myšlenkami nemůžete uposlechnout toto nařízení, protože jsou tyto myšlenky proti slovu pravdy. Pokud ale zboříte lidské a tělesné myšlenky, můžete ho uposlechnout s radostí a Bůh bude skrze tuto vaši poslušnost působit pro vaše dobro.

Bez ohledu na to, kolikrát vyznáte svou víru svými ústy, dokud nepoložíte své vlastní myšlenky a teorie rovny ničemu, nebudete moci ani uposlechnout Boha ani zakusit Boží působení ani být vedeni k prosperitě a úspěchu.

Nabádám vás, abyste měli na paměti Boží slovo zapsané v Izajáši 55:8-9, kde se říká: „*Mé úmysly nejsou úmysly vaše a vaše cesty nejsou cesty moje, je výrok Hospodinův. Jako jsou nebesa vyšší než země, tak převyšují cesty mé cesty vaše a úmysly mé úmysly vaše.*"

Musíte se vyhnout tomu, abyste v sobě uchovávali všemožné tělesné myšlenky a lidské teorie a namísto toho mít duchovní víru podobně jako setník, kterého Ježíš pochválil za jeho úplné spolehnutí se na Boha. Když setník přišel za Ježíšem a požádal ho, aby uzdravil jeho služebníka, jehož celé tělo bylo ochrnuté kvůli mrtvici, vyznal svou víru, že služebník bude uzdraven, když Ježíš vyřkne jen slovo. Dostal od Ježíše odpověď podle toho, jak uvěřil. Stejně tak, pokud máte tuto duchovní víru, můžete získat odpovědi na všechny své modlitby a prosby a naplno vzdát Bohu slávu.

Slovo Boží pravdy proměňuje ducha člověka a umožňuje mu získat víru doprovázenou skutky. S touto živou a duchovní vírou můžete získávat Boží odpovědi. Kéž každý z vás dokáže zbořit všechny tělesné myšlenky a lidské teorie a získat duchovní víru, abyste mohli obdržet cokoliv, oč s vírou požádáte a mohli vzdát slávu Bohu.

Kapitola 4

Zasít semínko víry

„Kdo je vyučován v slovu,
nechť se s vyučujícím dělí o všechno potřebné k životu.
Neklamte se, Bohu se nikdo nebude posmívat.
Co člověk zaseje, to také sklidí. Kdo zasévá pro své sobectví,
sklidí zánik, kdo však zasévá pro Ducha, sklidí život věčný.
V konání dobra neumdlévejme; neochabneme-li,
budeme sklízet v ustanovený čas.
A tak dokud je čas, čiňme dobře všem,
nejvíce však těm, kteří patří do rodiny víry."

Galatským 6:6-10

Ježíš nám zaslibuje v Markovi 9:23: „*Můžeš-li! Všechno je možné tomu, kdo věří.*" A tak když před něho předstoupil setník a projevil tak velikou víru, Ježíš mu řekl: „*Jdi, a jak jsi uvěřil, tak se ti staň*" (Matouš 8:13) a setníkův sluha byl okamžitě uzdraven.

To je duchovní víra, která nám dovoluje uvěřit v to, co nevidíme. A je to rovněž víra doprovázená skutky, která nám umožňuje zjevit naši víru skutky. Je to víra, která věří, že něco je učiněno z ničeho. To je důvod, proč je víra v Židům 11:1-3 definována následovně: „*Věřit Bohu znamená spolehnout se na to, v co doufáme, a být si jist tím, co nevidíme. K takové víře předků se Bůh přiznal svým svědectvím. Ve víře chápeme, že Božím slovem byly založeny světy, takže to, na co hledíme, nevzniklo z viditelného.*"

Pokud máte duchovní víru, Bohu se bude vaše víra líbit a umožní vám získat cokoliv, oč ho požádáte. Co tedy potom musíme udělat, abychom získali duchovní víru?

Zrovna jako farmář na jaře zasévá semínka do země a na podzim sklízí jejich ovoce, my musíme zasít semínka víry, abychom získali ovoce duchovní víry.

Nyní se pojďme podívat na to, jak zasít semínko víry podle podobenství o rozsévači. Ježíš mluvil k zástupům v podobenstvích, bez toho, aby použil podobenství, k nim vůbec nemluvil (Matouš 13:34). To proto, že Bůh je duch a my, kteří žijeme na tomto fyzickém světě jako lidské bytosti, nedokážeme porozumět duchovnímu světu Boha. Pouze, když jsme vyučováni duchovnímu světu prostřednictvím podobenství tohoto fyzického světa, dokážeme porozumět skutečné Boží vůli. To je důvod, proč se vám chystám pomocí několika podobenství ze světa farmářů vysvětlit, jak zasít semínko víry a získat duchovní víru.

1. Zasadit semínko víry

1) Nejdříve ze všeho musíte vyčistit půdu.

Především, farmář nejprve potřebuje půdu, aby zasel semínka. Aby jeho půda byla vhodná, musí farmář používat vyhovující hnojiva, obracet půdu, vybírat kameny a rozbíjet hroudy země na kousky v procesu kultivace včetně kypření, vláčení a obdělávání půdy. Až potom budou semínka zasetá do půdy dobře růst a dávat úrodu v podobě hojného dobrého ovoce.

V Bibli nám Ježíš představil čtyři druhy půdy. Půda se vztahuje na srdce člověka. První kategorie je půda podél cesty, ve které zasetá semínka nemohou vyklíčit, protože je příliš ztvrdlá; druhá je skalnatá půda, ve které jsou zasetá semínka stěží schopna vyklíčit, nebo vyroste jen několik pupenů kvůli kamenům v půdě; třetí je půda mezi trním, ve které semínka vyklíčí, ale nedaří se jim dobře růst a nést dobré ovoce, protože je trní udusí; poslední a čtvrtý druh půdy je dobrá půda, kde semínka vyklíčí, dobře rostou, vykvetou a nesou mnoho dobrého ovoce.

Stejně tak je půda lidského srdce rozdělena na čtyři druhy; první je srdce s půdou podél cesty, které nedokáže porozumět Božímu slovu; druhé je srdce se skalnatou půdou, které přijímá Boží slovo, ale když přijde pronásledování a zkoušky, hned odpadá; třetí je srdce s půdou mezi trním, u kterého starosti tohoto světa a vábivost majetku udusí Boží slovo a zabrání těm, kdo ho uslyší, aby nesli ovoce; poslední a čtvrté je srdce s dobrou půdou, které rozumí Božímu slovu a nese dobré ovoce. Avšak bez ohledu na to, jaký druh půdy v srdci máte, tak pokud půdu ve svém srdci obděláváte a čistíte ji stejně jako se farmář stará o svou půdu s námahou a v potu své tváře, půda ve vašem srdci se může změnit v dobrou. Pokud je ztvrdlá, musíte ji stále převracet a urovnávat ji; pokud je kamenitá, musíte vybírat kameny; pokud je trnitá, musíte odstraňovat trny a potom z ní udělat dobrou půdu tím, že použijete ,hnojiva.'

Je-li farmář lenivý, nečistí svou půdu, aby z ní udělal dobrou, zatímco přičinlivý farmář dělá všechno proto, aby půdu obdělal a vyčistil ji, takže z ní má dobrou půdu. A s tím, jak se změní v dobrou půdu, produkuje lepší ovoce.

Jestliže máte víru, uděláte, co bude ve vašich silách, abyste dřinou a v potu své tváře změnili své srdce v dobré. Potom, abyste porozuměli Božímu slovu, učinili ze svého srdce dobré srdce a nesli mnoho ovoce, musíte bojovat proti hříchům a zavrhovat je až do prolití krve. A tak tím, že budete horlivě odhazovat své hříchy a zlo podle Božího slova, zrovna jako nám Bůh nařizuje, abychom se zbavili zla v každé podobě, můžete z půdy svého srdce odstranit každičký kámen, vyplevelit ji a změnit ji v dobrou.

Farmář úporně dře a pracuje v potu své tváře, protože věří, že pokud bude kypřit, vláčet, obdělávat půdu a změní ji v dobrou půdu, bude sklízet hojnou úrodu. Stejně tak vám přeji, abyste i vy věřili, že pokud budete obdělávat a měnit půdu svého srdce v dobrou půdu, budete přebývat v Boží lásce, budete vedeni k úspěchu a zdaru a vstoupíte na lepší místo v nebi, a také abyste bojovali proti hříchům a odhazovali je až do prolití krve. Potom bude do vašeho srdce zaseto semínko duchovní víry a vy ponesete tolik ovoce, kolik jen budete moci.

2) Dále jsou nezbytná semínka.

Potom, co vyčistíte půdu, musíte zasadit semínka a pomoci jim vyklíčit. Farmář zasévá různá semínka a sklízí hojné ovoce rozličných druhů plodin jako zelí, salát, dýni, zelené fazolky, červené fazole a podobně.

Stejně tak musíme zasévat různé druhy semínek do půdy našeho srdce. Boží slovo nám říká, abychom se stále radovali, ustavičně se modlili, za všech okolností děkovali, dávali Bohu celý desátek, dodržovali Hospodinův svatý den odpočinku a milovali jeden druhého. Když jsou do našeho srdce zasazena tato Boží slova, vyklíčí, vyrazí poupata a vyrostou, přičemž budou dávat duchovní ovoce. Pak budete moci žít podle Božího slova a získáte duchovní víru.

3) Voda a sluneční světlo jsou nezbytné.

Aby farmář sklidil dobrou úrodu, není pro něj dostačující jen čistit půdu a připravovat semínka. Nezbytné jsou rovněž voda a sluneční světlo. Až poté semínka vyklíčí a dobře porostou.

Co představuje voda? Ježíš říká v Janovi 4:14: *„Kdo by se však napil vody, kterou mu dám já, nebude žíznit navěky. Voda, kterou mu dám, stane se v něm pramenem, vyvěrajícím k životu věčnému."* Voda se v duchovním slova smyslu vztahuje na „pramen, vyvěrající k životu věčnému," a věčná voda se vztahuje na Boží slovo, jak je zaznamenáno v Janovi 6:63: *„Slova, která jsem k vám mluvil, jsou Duch a jsou život."* Proto Ježíš v Janovi 6:53-55 řekl: *„Amen, amen, pravím vám, nebudete-li jíst tělo Syna člověka a pít jeho krev, nebudete mít v sobě život. Kdo jí mé tělo a pije mou krev, má život věčný a já ho vzkřísím v poslední den. Neboť mé tělo je pravý pokrm a má krev pravý nápoj."* Podle toho, pouze když horlivě čtete Boží slovo, posloucháte ho, přemýšlíte nad ním a naléhavě se modlíte, budete moci jít cestou věčného života a budete moci získat duchovní víru.

A dále, co je tedy myšleno slunečním světlem? Sluneční světlo pomáhá semínkům řádně vyklíčit a dobře růst. Ze stejného důvodu, pokud do vašeho srdce vstoupí Boží slovo, potom slovo, které je světlem, vyžene z vašeho srdce tmu. Čistí vaše srdce a proměňuje půdu vašeho srdce v dobrou. A tak můžete získat duchovní víru do té míry, do jaké naplní vaše srdce světlo pravdy.

Skrze podobenství o rozsévači jsme se dozvěděli, že musíme vyčistit půdu svého srdce, připravit dobrá semínka a poskytnout vhodnou vodu a sluneční světlo přitom, jak se semínka víry zasévají. Nyní se pojďme podívat na to, jak zasadit semínka víry a jak je pěstovat.

2. Jak zasadit a pěstovat semínka víry

1) Nejdříve ze všeho musíte zasít semínka víry podle Božích cest.

Farmář zasévá semínka různým způsobem podle toho, o jaký druh semínka jde. Některá semínka zasévá hluboko do půdy, zatímco jiná zasévá těsně pod povrch. Stejně tak i vy musíte měnit způsoby zasévání semínek víry pomocí Božího slova. Například, když zaséváte modlitby, musíte s upřímným srdcem volat k Bohu a pravidelně poklekat, jak je vysvětleno v Božím slově. Až poté budete moci dostat Boží odpovědi (Lukáš 22:39-46).

2) Za druhé, musíte zasévat s vírou.

Zrovna jako je farmář pracovitý a horlivý, když zasévá semínka, protože věří a doufá, že bude moci sklízet, i vy musíte zasévat semínka víry – Boží slovo – s radostí a s nadějí, že vás Bůh nechá hojně sklízet. A tak nás ve 2 Korintským 9:6-7 povzbuzuje slovy: *„Vždyť kdo skoupě rozsévá, bude také skoupě sklízet, a kdo štědře rozsévá, bude také štědře sklízet. Každý ať dává podle toho, jak se ve svém srdci předem rozhodl, ne s nechutí ani z donucení; vždyť ,radostného dárce miluje Bůh."*

Je to zákon tohoto světa a zákon duchovního světa, že bychom měli sklidit to, co jsme zaseli. A tak do té míry, do jaké roste vaše víra, se půda vašeho srdce stává lepší. Čím více zasejete, tím více budete sklízet. Proto, ať zaséváte cokoliv, musíte to zasévat s vírou, díky a radostí, abyste mohli sklízet hojné ovoce.

3) Za třetí, musíte se o vyklíčená semínka dobře starat.

Potom, co farmář připraví zemi a zaseje semínka, musí v sezóně rostliny zalévat, zabránit tomu, aby je zničili červi a hmyz tím, že je stříká insekticidy, pokračovat ve hnojení půdy a vytrhávat plevel. Jinak rostliny uschnou a nebudou moci růst. Když se zasadí Boží slovo, musí se rovněž obdělávat, abychom nenechali nepřítele ďábla a satana, aby se k nám přiblížil. Člověk ho musí obdělávat horlivými modlitbami, držet se ho s radostí a díky, navštěvovat bohoslužby, sdílet křesťanské společenství, číst a poslouchat Boží slovo a sloužit. Potom může zaseté semínko klíčit, kvést a nést ovoce.

3. Proces, při kterém opadávají květy a rodí se ovoce

Pokud se farmář nepostará o semínka potom, co je zaseje, snědí je červi, vzroste plevel a zabrání semínkům, aby rostla a nesla ovoce. Farmář by se neměl prací vyčerpat, aby ho omrzela, ale trpělivě pěstovat rostliny, dokud nesklidí dobré a hojné ovoce. Až nastane ten správný čas, semínka vyrostou, rozkvetou a nakonec nesou díky včelám a motýlům ovoce. Když ovoce dozraje, farmář může konečně s radostí sklidit dobré ovoce. Jak velká bude jeho radost, až se všechna jeho námaha a trpělivost promění v dobré a cenné ovoce se sklizní stonásobnou, šedesátinásobnou nebo třicetinásobnou toho, co bylo zaseto!

1) Nejprve rozkvétají duchovní květy.

Co znamená, že ‚Semínko víry roste a vyráží duchovní poupata'? Když rozkvétají květy, vydávají vůni a vůně přivádí včely a motýly. Stejně tak, když zasejeme semínka Božího slova do půdy našeho srdce a staráme se o ně, tak do té míry, do jaké žijeme podle Božího slova, v nás mohou vyrazit duchovní poupata a my můžeme šířit Kristovu vůni. Kromě toho můžeme hrát roli světla a soli ve světě, takže mnoho lidí může vidět naše dobré skutky a vzdát slávu našemu nebeskému Otci (Matouš 5:16).

Pokud vydáváte Kristovu vůni, odeženete nepřítele ďábla a budete moci vzdát Bohu slávu ve svých domovech, ve svém podnikání a na svém pracovišti. Ať jíte nebo pijete nebo děláte cokoliv jiného, můžete oslavovat Boha. V důsledku toho ponesete ovoce evangelizace, dosáhnete Božího království a spravedlnosti a proměníte se v člověka ducha tím, že vyčistíte půdu svého srdce a uděláte z ní dobrou půdu.

2) Dále se rodí a zraje ovoce.

Potom, co rozkvetou květy, začne se rodit ovoce a když ovoce dozraje, farmář je sklidí. Pokud toto aplikujeme na naši víru, jaké ovoce můžeme nést? Můžeme nést různé ovoce Ducha svatého včetně devíti druhů ovoce Ducha svatého, jak je zaznamenáno v Galatským 5:22-23, ovoce blahoslavenství v 5. kapitole evangelia Matouše a ovoce duchovní lásky zapsané ve 13. kapitole 1 Korintským.

Při čtení Bible a poslechu Božího slova si můžeme ověřit, jestli jsme vydali květy, nesli ovoce a jak zralé naše ovoce je. Když ovoce úplně dozraje, můžeme je kdykoliv sklidit a těšit se z něho. Žalm 37:4 říká: „*Hledej blaho v Hospodinu, dá ti vše, oč požádá tvé srdce.*" To se v mnohém podobá tomu, jako bychom měli na účtu v bance uloženy miliardy dolarů a mohli tyto peníze utratit, jakýmkoliv způsobem se nám zachce.

3) A nakonec sklidíte, co zasejete.

Kdykoliv v sezóně farmář sklízí, co zasel a tak se to opakuje každý rok. Zde se množství jeho úrody liší v závislosti na tom, jak hodně toho zasel a jak horlivě a věrně pečoval o semínka.

Pokud zasejete v modlitbě, vašemu duchu se bude dobře dařit a pokud zasejete v loajalitě a službě, budete se těšit dobrému zdraví na duchu i na těle. Jestliže pilně zasejete v oblasti financí, budete se těšit z finančního požehnání a budete moci pomáhat v oblasti charity do té míry, do jaké budete chtít. Bůh nám v Galatským 6:7 zaslibuje: „*Neklamte se, Bohu se nikdo nebude posmívat. Co člověk zaseje, to také sklidí.*"

Mnoho částí Bible potvrzuje tento Boží příslib, který říká, že člověk, který zaseje, sklidí, co zasel. V sedmnácté kapitole 1 Královské je příběh vdovy, která žila v Sareptě. Protože v zemi dlouho nezapršelo a vyschl potok, ona i její syn byli na pokraji smrti hladem. Ona však pro Elijáše, Božího muže, zadělala na chleba z hrsti mouky ve džbánu a trochy oleje v láhvi. V té době, kdy bylo jídlo cennější než zlato, nebylo možné, aby to udělala bez víry. Věřila a spoléhala na Boží slovo, které bylo prorokováno skrze proroka Elijáše a s vírou zadělala na chléb. Bůh jí na oplátku za její víru úžasným způsobem požehnal a ona, její syn a Elijáš měli co jíst, dokud dlouhý hladomor nedospěl ke svému konci (1 Královská 17:8-16).

Marek 12:41-44 nám představuje chudou vdovu, která vhodila do chrámové pokladnice dvě drobné mince, dohromady čtyrák, což se rovná sumě jednoho centu. Jakého velikého požehnání se jí dostalo, když Ježíš pochválil její jednání!

Bůh nastavil zákon duchovního světa a říká nám, že můžeme sklízet, jak jsme zaseli. Ale já vás nabádám, abyste pamatovali, že je výsměch Bohu, pokud chcete sklízet, když jste nezaseli. Musíte věřit, že Bůh vás nechá sklidit stonásobek, šedesátinásobek nebo třicetinásobek toho, co jste zaseli.

Prostřednictvím podobenství o rozsévači jsme se podívali na to, jak zasadit semínka víry a jak je pěstovat, abychom získali duchovní víru. Nyní si velmi přeji, abyste obdělávali půdu ve svém srdci a učinili z ní dobrou půdu. Zasejte semínka víry a pečujte o ně. Musíte zasadit, co nejvíce to jde a pěstovat je s vírou, nadějí a trpělivostí, abyste získali požehnání v podobě stonásobku, šedesátinásobku nebo třicetinásobku toho, co jste zaseli. Až nadejde ten správný čas, budete sklízet ovoce a vzdáte Bohu velikou slávu.

Kéž každý z vás věří v každé slovo zapsané v Bibli a zaseje semínka víry podle učení Božího slova, abyste mohli nést hojné ovoce, vzdávat Bohu slávu a těšit se z požehnání všeho druhu!

Kapitola 5

„,Můžeš-li!'
Všechno je možné!"

Ježíš se zeptal jeho otce:
„Od kdy to má?" Odpověděl: „Od dětství.
A často jej zlý duch srazil, dokonce do ohně i do vody,
aby ho zahubil. Ale můžeš-li, slituj se nad námi a pomoz nám."
Ježíš mu řekl: „Můžeš-li! Všechno je možné tomu, kdo věří."
Chlapcův otec rychle vykřikl: „Věřím, pomoz mé nedověře!"
Když Ježíš viděl, že se sbíhá zástup, pohrozil nečistému duchu:
„Duchu němý a hluchý, já ti nařizuji,
vyjdi z něho a nikdy už do něho nevcházej!"
Duch vykřikl, silně jím zalomcoval a vyšel;
chlapec zůstal jako mrtvý, takže mnozí říkali, že umřel.
Ale Ježíš ho vzal za ruku, pozvedl ho a on vstal.

Marek 9:21-27

Lidé si ukládají své životní zkušenosti skrze dojmy ze všeho, čím procházejí včetně radosti, žalu a bolesti. Mnoho z nich se občas setká nebo utrpí vážné problémy, které nedokážou vyřešit ani sebevětším množstvím slz, ani díky odolnosti snášet utrpení ani díky pomoci druhých.

Jsou to problémy s nemocemi, které se nedají vyléčit moderní medicínou; psychické problémy způsobené stresem v životě, které nelze objasnit žádnou filozofií nebo psychologií; problémy doma a problémy s dětmi, které se nedají vyřešit sebevětším množstvím majetku; problémy v podnikání a problémy s financemi, které nelze uspokojit žádnými prostředky ani sebevětším úsilím. A seznam může pokračovat. Kdo může vyřešit všechny tyto problémy?

V Markovi 9:21-27 můžeme najít rozhovor Ježíše s otcem dítěte, které bylo posedlé zlým duchem. Dítě vážně trpělo jak hluchoněmostí, tak epileptickými záchvaty. Kvůli své posedlosti byl chlapec často zlým duchem sražen do ohně i do vody. Kdekoliv se ho démon zmocnil, povalil ho na zem a on měl pěnu u úst, skřípal zuby a strnul.

Nyní se pojďme podívat na to, jak Ježíš pomohl otci vyřešit tento problém.

1. Ježíš pokáral otce za jeho nedůvěru Bohu

Dítě bylo hluché a němé od svého narození, takže nemohlo nikoho slyšet a mělo tedy vážné potíže, aby mu někdo jiný porozuměl. Chlapce často mučily epileptické záchvaty a projevovaly se u něj příznaky křečí. Proto musel otec žít vprostřed bolesti a strachu a neměl žádnou naději v normální život.

V té době uslyšel otec dítěte zprávy o Ježíšovi, který přiváděl mrtvé k životu, uzdravoval nemocné z všelijakých nemocí, otvíral zrak slepým a předváděl různé zázraky. Zprávy zasely do otcova srdce naději. Pomyslel si: „Kdyby měl takovou moc, jak jsem slyšel, mohl by uzdravit mého syna ze všech jeho nemocí." Domníval se, že uzdravení jeho syna může být nasnadě. Právě s tímto očekáváním přivedl svého syna k Ježíši a žádal ho slovy: „Ale můžeš-li, slituj se nad námi a pomoz nám."

Když ho Ježíš uslyšel, pokáral ho za jeho nedůvěru slovy: „Můžeš-li! Všechno je možné tomu, kdo věří." To proto, že otec o Ježíši slyšel, ale nevěřil v něho ve svém srdci.

Kdyby otec věřil, že Ježíš je Boží syn, že je všemohoucí, pro kterého není nic nemožné a pravda samotná, nikdy by mu nebyl řekl: „Ale můžeš-li, slituj se nad námi a pomoz nám."

Bez víry je nemožné zalíbit se Bohu a bez duchovní víry je nemožné získat od Boha odpovědi. Aby Ježíš nechal otce uvědomit si tuto skutečnost, řekl mu: „Můžeš-li! Všechno je možné tomu, kdo věří" a pokáral ho za to, že nevěřil naplno.

2. Jak získat dokonalou víru

Když věříte v to, co nevidíte, může Bůh vaši víru přijmout a tato víra se nazývá ‚duchovní víra', ‚opravdová víra', ‚živá víra' nebo ‚víra doprovázená skutky.' Touto vírou můžete věřit, že něco je učiněno z ničeho. To proto, že věřit Bohu znamená spolehnout se na to, v co doufáme, a být si jist tím, co nevidíme (Židům 11:1-3).

Musíte v srdci věřit v cestu kříže, vzkříšení, návrat Pána, stvoření Boha a v zázraky. Až poté můžete být pokládáni za ty, kdo mají dokonalou víru. Když víru vyznáte svými ústy, je to opravdová víra.

Existují tři podmínky pro to, jak naplno získat dokonalou víru.

Nejprve ze všeho musí být zbořena hradba z hříchů mezi Bohem a vámi. Pokud přijdete na to, že máte mezi sebou a Bohem hradbu z hříchů, musíte ji zbořit tak, že z nich budete činit pokání. Navíc, musíte bojovat proti svým hříchům až do prolití krve a vyhnout se zlému v každé podobě tak, že se nebudete dopouštět vůbec žádných hříchů. Pokud nenávidíte hříchy až do té míry, že se cítíte znepokojeně jen při pomyšlení na hříchy, při pohledu na hřích znervózníte a naplní vás obavy, jak byste se mohli odvážit hřešit? Namísto toho, abyste žili život v hříchu, můžete komunikovat s Bohem a získat dokonalou víru.

Za druhé, musíte následovat Boží vůli. Abyste mohli konat Boží vůli, musíte nejprve ze všeho jasně porozumět tomu, co to Boží vůle je. Potom bez ohledu na to, po čem osobně toužíte, pokud to není Boží vůle, neměli byste to dělat. Na druhou stranu, pokud něco nechcete udělat, tak ať už se jedná o cokoliv, pokud to Boží vůle je, musíte to udělat. Když následujete Boží vůli celým svým srdcem, s veškerou svou upřímností, celou svou silou a se vší svou moudrostí, Bůh vám dá dokonalou víru.

Za třetí, musíte se zalíbit Bohu láskou k němu. Pokud děláte všechny věci pro Boží slávu, ať jíte či pijete nebo děláte cokoliv jiného, a pokud se zalíbíte Bohu tím, že se obětujete, nikdy nedojde k tomu, že by se vám nepodařilo získat dokonalou víru. Je to ta víra, která dělá možným to, co je nemožné. S touto dokonalou vírou začnete nejenom věřit tomu, co vidíte a čeho je možné dosáhnout vašimi silami, ale také tomu, co je neviditelné a čeho je nemožné dosáhnout lidskými schopnostmi. Tudíž když vyznáte tuto dokonalou víru, všechno nemožné bude učiněno možným.

V souladu s tím na vás sestoupí Boží slovo, které říká: „Můžeš-li! Všechno je možné tomu, kdo věří," a vy můžete oslavit Boha čímkoliv, co budete dělat.

3. Nic není nemožné tomu, kdo věří

Když je vám dána dokonalá víra, nic pro vás není nemožné a mohou být vyřešeny jakékoliv vaše problémy. V jakých oblastech můžete zakusit moc Boha, který činí nemožné možným? Pojďme se podívat na tři aspekty.

První oblastí ze tří jsou problémy s nemocemi.

Dejme tomu, že onemocníte bakteriální nebo virovou infekcí. Pokud projevíte víru a jste naplněni Duchem svatým, oheň Ducha svatého spálí tyto nemoci a vy jste uzdraveni. Ještě podrobněji, pokud činíte pokání ze svých hříchů a odvrátíte se od nich, můžete být modlitbami uzdraveni. Jestliže jste začátečník ve víře, musíte otevřít své srdce a poslouchat Boží slovo, dokud nebudete moci projevit svou víru.

Dále, pokud vás zasáhne vážná nemoc, kterou nelze vyléčit lékařskými prostředky, musíte projevit důkaz veliké víry. Pouze když činíte důkladné pokání ze svých hříchů rozerváním svého srdce a přimknete se k Bohu modlitbami v slzách, můžete být uzdraveni. Avšak ti, kdo mají slabou víru nebo ti, kdo zrovna začali chodit do církve, nemohou být uzdraveni, dokud jim není dána duchovní víra a až na ně tato víra sestoupí, dojde krůček po krůčku ke skutkům uzdravení.

Nakonec, fyzická znetvoření, anomálie, chromost, hluchota, stavy mentálního a tělesného postižení a vrozené vady nemohou být uzdraveny bez Boží moci. Ti, kdo trpí takovýmito stavy, musí před Bohem projevit svou upřímnost a projevit důkaz víry, která Boha miluje a líbí se mu, takže je Bůh může uznat za hodné uzdravení. Potom dojde ke skutkům uzdravení prostřednictvím Boží moci.

Tyto skutky uzdravení se jim mohou přihodit pouze, když projeví skutky víry přesně tím způsobem, jakým volal k Ježíši slepý žebrák Bartimaios (Marek 10:46-52), jakým projevil svou velikou víru setník (Matouš 8:6-13) a jakým předvedli důkaz své víry před Ježíšem ochrnutý a jeho čtyři přátelé (Marek 2:3-12).

Druhou oblastí jsou problémy s financemi.

Pokud se pokoušíte vyřešit problém s financemi pomocí svých vlastních vědomostí, způsobů a zkušeností bez Boží pomoci, problém může být vyřešen pouze ve shodě s vašimi schopnostmi a úsilím. Nicméně pokud odhodíte své hříchy, následujete Boží vůli a svěříte svůj problém Bohu v důvěře, že Bůh vás povede svou cestou, potom se bude vaší duši dobře dařit, všechno se ve vašem životě bude ubírat dobrým směrem a vy se budete těšit dobrému zdraví. Kromě toho, protože chodíte v Duchu svatém, obdržíte Boží požehnání.

Jákob následoval ve svém životě lidské způsoby a moudrost, dokud nezápasil s Božím andělem u řeky Jabok. Anděl mu při zápolení poranil kyčelní kloub, takže se mu vykloubil. Při tomto zápase s Božím andělem se Jákob poddal Bohu a všechno mu přenechal. Od té doby se mu dostávalo požehnání, že Bůh byl s ním. Stejně tak, pokud milujete Boha, líbíte se mu a svěříte všechno do jeho rukou, ve všem se vám bude dařit.

Třetí oblast se týká toho, jak získat duchovní moc. V 1 Korintským 4:20 najdeme, že Boží království netkví v slovech, nýbrž v moci. Moc se zvětšuje do té míry, do jaké začínáme získávat dokonalou víru. Boží moc na nás sestupuje různě podle míry našich modliteb, naší víry a lásky. Zázračné Boží skutky, které jsou na vyšší úrovni než dar uzdravování, mohou konat pouze ti, kdo obdrží Boží moc prostřednictvím modliteb a půstu.

A tak, pokud máte dokonalou víru, nemožné se pro vás stane možným a můžete statečně vyznat: „Můžeš-li! Všechno je možné tomu, kdo věří."

4. „Věřím, pomoz mé nedověře!"

Existuje proces nezbytný k tomu, abyste dosáhli vyřešení jakéhokoliv problému.

Za prvé, abyste proces zahájili, musíte svými ústy vyslovit pozitivní vyznání víry.

Měli jsme tu otce, který zakoušel dlouhou dobu muka, protože byl jeho syn posedlý zlým duchem. Když se otec doslechl o Ježíši, začalo jeho srdce toužit po tom, aby ho směl spatřit. Později přivedl otec svého syna k Ježíši s očekáváním, že je zde šance, že by mohl být jeho syn uzdraven. Třebaže si tím nebyl jistý, požádal Ježíše, aby jeho syna uzdravil. Ježíš napomenul otce slovy: „*Můžeš-li!*" Ale potom ho povzbudil slovy: „*Všechno je možné tomu, kdo věří*" (Marek 9:23). Na tato slova povzbuzení otec zvolal tato slova: „*Věřím, pomoz mé nedověře!*" (Marek 9:23) A tak učinil před Ježíšem pozitivní vyznání víry.

Protože zrovna na vlastní uši zaslechl, že je u Ježíše všechno možné, přebral si to ve svém mozku a vyznal svou víru ústy, ale nevyznal víru, která by způsobila, že by věřil ze srdce. Třebaže měl víru ve formě vědomosti, jeho pozitivní vyznání víry se stalo naléhavou potřebou získání duchovní víry a dovedlo ho k tomu, že dostal odpověď.

Dále, musíte získat duchovní víru, která vám umožní věřit ze srdce.

Otec dítěte posedlého démonem horlivě toužil získat duchovní víru a řekl Ježíšovi: „*Věřím, pomoz mé nedověře!*" (Marek 9:23) Když Ježíš uslyšel otcovu žádost, poznal otcovo upřímné srdce, pravdomluvnost, vážnou prosbu a víru, a tak mu dal duchovní víru, aby mu umožnil věřit ze srdce. Protože otec získal duchovní víru, Bůh mohl působit v jeho prospěch a on dostal od Boha odpověď.

Když Ježíš v Markovi 9:25 nařídil: „*Duchu němý a hluchý, já ti nařizuji, vyjdi z něho a nikdy už do něho nevcházej!*," zlý duch vyšel ven.

Jinými slovy, chlapcův otec by nemohl dostat od Boha odpověď s tělesnou vírou, která by byla uložena v jeho mozku pouze jako vědomost. Avšak jakmile získal duchovní víru, byla mu ihned dána Boží odpověď.

Třetím bodem v procesu je volat v modlitbách až do poslední chvíle, kdy obdržíte odpověď. V Jeremjášovi 33:3 nám Bůh zaslibuje: *„Volej ke mně a odpovím ti. Chci ti oznámit veliké a nedostupné věci, které neznáš"* a v Ezechielovi 36:37 nás učí: *„Opět budu izraelskému domu odpovídat na dotazy."* Jak je uvedeno výše, Ježíš, proroci Starého zákona a učedníci Nového zákona volali k Bohu v modlitbách, aby od něj získali odpovědi.

Ze stejného důvodu můžete pouze skrze volání v modlitbách obdržet víru, která vám umožní věřit ze srdce a pouze skrze tuto duchovní víru můžete získat odpovědi na vaše modlitby a problémy. Musíte volat v modlitbách, dokud nedostanete odpovědi a potom pro vás bude i nemožné možným. Otec dítěte posedlého démonem mohl dostat odpověď, protože volal k Ježíši.

Tento příběh otce dítěte posedlého démonem nám uděluje důležitou lekci ohledně Božího zákona. Abychom mohli zakusit Boží slovo říkající: „Můžeš-li! Všechno je možné tomu, kdo věří," musíme změnit svou tělesnou víru v duchovní víru, která nám pomůže získat dokonalou víru, stát na skále a poslouchat bez pochybností.

Abychom proces shrnuli, nejprve potřebujete udělat pozitivní vyznání víry svou tělesnou vírou, která je ve vašem mozku uložená ve formě vědomosti. Potom musíte volat k Bohu v modlitbách, dokud nedostanete odpovědi. A nakonec musíte shůry získat duchovní víru, která vám umožní věřit ze srdce.

Abyste splnili tyto tři podmínky k získání dokonalých odpovědí, musíte nejprve zbořit hradbu z hříchů stojící mezi vámi a Bohem. Dále musíte s upřímností projevit skutky víry. Potom se bude vaší duši dobře dařit. Do té míry, do jaké naplníte tyto tři podmínky, vám bude shůry dána duchovní víra a nemožné se stane možným.

Pokud se budete snažit dělat věci sami namísto toho, abyste je svěřili všemohoucímu Bohu, budete mít potíže a setkáte se s problémy. Na druhou stranu, jestliže zboříte lidské myšlenky, které vás nutí pokládat věci za nemožné, a svěříte všechno Bohu, on pro vás udělá všechno. Co pak bude nemožné?

Tělesné myšlenky jsou Bohu nepřátelské (Římanům 8:7). Brání vám věřit a způsobují, že zklamete Boha tím, že činíte negativní vyznání. Pomáhají satanovi vznést proti vám obvinění a rovněž vám přinášejí zkoušky, problémy, potíže a těžkosti. Proto musíte tyto tělesné myšlenky zničit. Bez ohledu na to, s jakými problémy se setkáte, včetně problémů, zda se dobře daří vaší duši, vašemu podnikání, zda se vám daří v práci, bojujete s nemocemi a máte problémy v rodině, všechny je musíte svěřit do Božích rukou. Musíte spoléhat na všemohoucího Boha, věřit, že udělá možným to, co se vám zdá nemožné, a musíte vírou zničit všechny tělesné myšlenky.

Když učiníte pozitivní vyznání víry se slovy: „Já věřím" a modlíte se ze srdce k Bohu, Bůh vás obdaří vírou, která vám pomůže věřit ze srdce a s touto vírou vám umožní dostat odpovědi na jakékoliv problémy a oslavit tím Boha. Jak požehnaný je pak takový život!

Kéž můžete kráčet pouze ve víře, abyste dosáhli Božího království a spravedlnosti, naplnili veliké poslání kázat evangelium celému světu, konali Boží vůli vám svěřenou, učinili nemožné možným jako vojáci kříže a svítili světlem Krista. Takto se modlím ve jménu našeho Pána Ježíše Krista!

Kapitola 6

Daniel spoléhal pouze na Boha

Tu Daniel promluvil ke králi:
„Králi, navěky buď živ!
Můj Bůh poslal a svého anděla a zavřel ústa lvům,
takže mi neublížili.
Vždyť jsem byl před ním shledán čistý a ani proti tobě, králi,
jsem se ničeho zlého nedopustil."
Král tím byl velice potěšen a poručil,
aby Daniela vytáhli z jámy.
Daniel byl tedy z jámy vytažen a nebyla
na něm shledána žádná úhona,
protože věřil ve svého Boha.

Daniel 6:22-24

Když byl Daniel ještě dítě, byl odvlečen do otroctví do Babylónie. Později se však dostal do královy přízně a byl v zemi druhým po králi. Protože miloval Boha do nejvyšší možné míry, Bůh mu propůjčil vědění a zběhlost ve veškerém písemnictví a moudrosti. Daniel dokonce nadto rozuměl všem viděním a snům. Byl politikem a prorokem, který zjevoval Boží moc. Během celého svého života, kdy sloužil Bohu, Daniel nikdy neudělal žádný kompromis se světem. Překonal všechny zkoušky a těžkosti s vírou mučedníka a vzdal Bohu slávu velikými vítězstvími ve víře. Co musíme udělat, abychom získali stejnou víru, jakou měl on?

Pojďme nyní hlouběji prozkoumat, proč byl Daniel, který byl po králi nejvyšším vládcem Babylónie, vhozen do lví jámy a jak ve lví jámě přežil bez jediného škrábnutí na těle.

1. Daniel, muž víry

Za vlády krále Rechabeáma bylo kvůli degradaci krále Šalomouna sjednocené izraelské království rozděleno na dvě části – jižní království judské a severní království izraelské (1 Královská 11:26-36). Králům a národu, kteří poslouchali Boží nařízení, se dařilo dobře, ale ti, kdo neposlouchali Boží zákon, byli zničeni.

V roce 722 před Kristem se pod útokem Asýrie severní království izraelské zhroutilo. V té době byl bezpočet lidí vzat do zajetí do Asýrie. Jižní království judské bylo rovněž napadeno, ale nebylo zničeno.

Později král Nebúkadnesar přepadl jižní království judské a na třetí pokus prolomil město Jeruzalém a zničil Boží chrám. To se událo v roce 586 před Kristem.

Ve třetím roce kralování judského krále Jójakíma přitáhl babylónský král Nebúkadnesar k Jeruzalému a obléhal ho. Při prvním útoku král Nebúkadnesar svázal krále Jójakíma bronzovými řetězy, aby ho vzal do Babylóna a rovněž odnesl některé z předmětů z Božího domu do Babylóna. Daniel byl mezi členy královské rodiny a aristokraty vzat mezi prvními zajatci. Žili v pohanské zemi, přesto se Danielovi, zatímco sloužil několika králům – Nebúkadnesarovi a Belšasarovi, kteří byli babylónskými králi, a Darjavešovi a Kýrovi, kteří byli perskými králi, dobře dařilo. Daniel žil v pohanských zemích velmi dlouhou dobu a sloužil těmto zemím jako jeden z vládců hned po králích. Prokázal však víru, která nedělala kompromisy se světem a vedl vítězný život jako Boží prorok.

Babylónský král Nebúkadnesar nařídil vrchnímu nad dvořany, aby přivedl z Izraelců, a to z královského potomstva a ze šlechty, mladíky bez jakékoli vady, pěkného vzhledu, zběhlé ve veškeré moudrosti, kteří si osvojili poznání, rozumějí všemu vědění a jsou schopni stávat v královském paláci a sloužit; a nařídil mu, aby je vyučoval kaldejskému písemnictví a jazyku, určil jim každodenní příděl z královských lahůdek a z vína, a dal je vychovávat po tři roky. Daniel byl jedním z nich (Daniel 1:4-5).

Daniel si ale předsevzal, že se neposkvrní královskými

lahůdkami a vínem, které pil král při svých hodech a požádal velitele dvořanů, aby se nemusel poskvrňovat (Daniel 1:8). To byla víra Daniela, který chtěl dodržet Boží zákon. A Bůh dal Danielovi dojít v očích velitele dvořanů milosrdenství a slitování (v. 9). Opatrovník tedy pokračoval v tom, že odnášel lahůdky a víno, které měli on a jeho přátelé jíst a pít, a dával jim zeleninu (v. 16).

Protože Bůh viděl Danielovu víru, dal mu vědění a zběhlost ve veškerém písemnictví a moudrosti; Daniel dokonce nadto rozuměl všem viděním a snům (v. 17). Pokud šlo o porozumění moudrosti, které od něj král vyžadoval, shledal, že desetkrát předčí všechny věštce a zaklínače, kteří byli v celém jeho království (v. 20).

Později krále Nebúkadnesara trápil sen, který se mu zdál. Rozrušil se a nemohl spát a nikdo z Kaldejců mu jeho sen nedokázal vyložit. Daniel však při výkladu uspěl, když ho vyložil díky Boží moudrosti a moci. Potom král Daniela povýšil, dal mu mnoho darů, učinil ho vládcem nad celou babylónskou krajinou a učinil ho nejvyšším správcem všech babylónských mudrců (Daniel 2:46-48).

Nejenom za vlády babylónského krále Nebúkadnesara, ale také za vlády Belšasara získal Daniel přízeň a uznání. Král Belšasar vydal prohlášení, že Daniel má v království moc jako třetí. Když byl král Belšasar zabit a stal se králem Darjaveš, Daniel byl stále v oblibě krále.

Král Darjaveš ustanovil nad královstvím 120 satrapů a nad nimi tři říšské vládce. Protože však Daniel začal vynikat nad říšskými vládci i satrapy svým mimořádným duchem, král ho zamýšlel ustanovit nad celým královstvím. A tak se říšští vládcové a satrapové snažili nalézt proti Danielovi záminku ohledně jeho správy království, ale žádnou záminku ani zlé jednání nalézt nemohli, neboť byl věrný. Žádnou nedbalost ani zlé jednání na něm neshledali. Zosnovali tedy spiknutí, aby proti Danielovi našli nějakou záminku, co se týče zákona jeho Boha. Žádali, aby král královským výnosem potvrdil zákaz, aby byl každý, kdo by se v údobí třiceti dnů obracel v modlitbě na kteréhokoli boha nebo člověka kromě krále, vhozen do lví jámy. A žádali, aby král vydal zákaz a podepsal přípis, který by podle nezrušitelného zákona Médů a Peršanů nesměl být změněn. Král Darjaveš tedy podepsal přípis, a sice zákaz.

Když se Daniel dozvěděl, že byl podepsán přípis, vešel do svého domu, kde měl v horním pokoji otevřená okna směrem k Jeruzalému a pokračoval v tom, že třikrát za den klekal na kolena, modlil se a děkoval svému Bohu, jako to dělával dříve (Daniel 6:11). Daniel věděl, že by mohl být vhozen do lví jámy, kdyby porušil zákaz, ale rozhodl se pro mučednickou smrt a službu Bohu samotnému.

Dokonce vprostřed zajetí v Babylóně si Daniel vždy připomínal Boží milost a natolik Boha miloval, že bez ustání třikrát za den klekal na kolena, modlil se a děkoval svému Bohu. Měl silnou víru a nikdy ve své službě Bohu nedělal kompromisy se světem.

2. Daniel vhozen do lví jámy

Lidé, kteří na Daniela žárlili, se shlukli a přistihli Daniela, jak se modlí a úpěnlivě prosí svého Boha o milost. Potom přistoupili ke králi a dovolávali se královského zákazu. Konečně si král uvědomil, že ho tito lidé žádali o vydání zákazu ne kvůli němu samotnému, ale kvůli jejich spiknutí za účelem odstranění Daniela, a byl velmi nepříjemně překvapen. Protože však král podepsal přípis a vyhlásil zákaz, nemohl ho sám zrušit.

Jakmile tedy král uslyšel toto oznámení, byl velmi znechucen a usilovně přemýšlel, jak by Daniela vysvobodil. Říšští vládcové a satrapové ale donutili krále zákaz vymáhat a král neměl na vybranou, než tak nakonec učinit.

Král byl přinucen vydat rozkazy a Daniel byl vhozen do lví jámy. Pak přinesli jeden kámen a položili ho na otvor jámy. To, aby se v Danielově záležitosti nedalo nic změnit.

Pak se král, který si Daniela oblíbil, odebral do svého paláce a strávil noc, aniž by co pojedl. Nedopřál si žádnou zábavu a spánek se mu vyhýbal. Jak se začalo rozednívat, hned za úsvitu, král chvatně vstal a odebral se ke lví jámě. Přirozeně se očekávalo, že protože byl Daniel vhozen do jámy s hladovými lvy, určitě ho lvi sežrali. Král však chvátal ke lví jámě v očekávání, že by přeci jen mohl přežít.

V té době se vhazovalo do lví jámy mnoho odsouzených zločinců. Jak by ale mohl Daniel přemoci hladové lvy a přežít

tam? Král se domníval, že by snad Bůh, kterému Daniel sloužil, mohl být dostatečně mocný, aby ho zachránil a v očekávání se tedy přiblížil k jámě. Král zarmouceným hlasem zavolal na Daniela: „Danieli, služebníku Boha živého, dokázal tě Bůh, kterého stále uctíváš, zachránit před lvy?"
Ke svému úžasu uslyšel ze lví jámy Danielův hlas. Daniel promluvil ke králi: „*Králi, navěky buď živ! Můj Bůh poslal svého anděla a zavřel ústa lvům, takže mi neublížili. Vždyť jsem byl před ním shledán čistý a ani proti tobě, králi, jsem se ničeho zlého nedopustil*" (Daniel 6:22-23).

Král tím byl velice potěšen a vydal rozkazy, aby Daniela vytáhli z jámy. Když byl Daniel vytažen z jámy, nebyla na něm shledána žádná úhona. Jak úžasné to bylo! Bylo to veliké vítězství, ke kterému došlo díky víře Daniela, který důvěřoval Bohu! Protože Daniel věřil v živého Boha, přežil vprostřed hladových lvů a zjevil Boží slávu dokonce i pohanům.

Král pak vydal rozkazy, aby přivedli ty muže, kteří Daniela záludně udali, a hodili je do lví jámy i s jejich dětmi a ženami. Ještě nedopadli na dno jámy, už se jich zmocnili lvi a rozdrtili jim všechny kosti (Daniel 6:25). Potom napsal král Darjaveš všem lidem různých národností a jazyků, bydlícím po celé zemi, aby se všichni třásli před Danielovým Bohem a obávali se ho, a zjevil jim, kým tento Bůh je.

Král k nim prohlásil: „*Rozhojněn buď váš pokoj! Vydávám rozkaz, aby se v celé mé královské říši všichni třásli před*

Danielovým Bohem a obávali se ho, neboť on je Bůh živý a zůstává navěky, jeho království nebude zničeno a jeho vladařská moc bude až do konce. Vysvobozuje a vytrhuje, činí znamení a divy na nebi i na zemi. On vysvobodil Daniela ze lvích spárů" (Daniel 6:26-28).

Jak veliké je toto vítězství víry! To všechno se událo, protože v Danielovi nebyl nalezen žádný hřích a protože Daniel naplno důvěřoval Bohu. Pokud kráčíme v Božím slově a přebýváme v jeho lásce, nezáleží na tom, v jaké situaci a podmínkách se nacházíme, Bůh nám obstará únikovou cestu a dovede nás k vítězství.

3. Daniel, vítěz veliké víry

Jakou víru Daniel měl, že mohl vzdát Bohu tak velikou slávu? Abychom mohli překonat jakékoliv zkoušky a utrpení a zjevovat slávu živého Boha mnoha lidem, pojďme se nyní podívat na to, jakou víru Daniel měl.

Nejprve ze všeho, Daniel nikdy nedělal se svou vírou kompromisy s ničím světským.

Měl na zodpovědnost obecné záležitosti země jako jeden z říšských vládců Babylóna a byl si dobře vědom toho, že pokud poruší zákaz, bude vhozen do lví jámy. Nikdy ale nenásledoval lidské myšlenky a moudrost. Neobával se lidí, kteří proti němu osnovali spiknutí. Poklekl na zem a modlil se k Bohu, jako to dělával dříve. Kdyby následoval lidské myšlenky, mohl se během 30 dnů, kdy byl zákaz v platnosti, přestat modlit k Bohu nebo se modlit v nějaké utajené místnosti. Daniel však ani jedno z toho neudělal. Vůbec se nesnažil o to ušetřit svůj vlastní život ani neudělal kompromis se světem. Pouze si svou láskou k Bohu zachoval svou víru.

Zkrátka, bylo tomu tak, protože měl víru mučedníka, aby, třebaže věděl, že byl podepsán přípis, vešel do svého domu, kde měl v horním pokoji otevřená okna směrem k Jeruzalému. Pokračoval v tom, že třikrát za den klekal na kolena, modlil se a děkoval svému Bohu, jako to dělával dříve.

Za druhé, Daniel měl takovou víru, že se nepřestal modlit.

Když se dostal do situace, ve které se musel připravovat na smrt, modlil se ke svému Bohu o milost, jako to u něj bylo obvyklé. Nechtěl se dopustit hříchu, že se přestane modlit (1 Samuelova 12:23).

Modlitby jsou dechem našeho ducha, takže bychom se neměli přestat modlit. Když na nás dopadnou zkoušky a utrpení, musíme se modlit, a když žijeme v pokoji, musíme se modlit, abychom neupadli do pokušení (Lukáš 22:40). Protože se nepřestal modlit, dokázal si Daniel udržet svou víru a překonat zkoušky.

Za třetí, Daniel měl takovou víru, že děkoval za všech okolností.

Mnoho otců víry zaznamenaných v Bibli vzdávalo ve své víře

díky za všechno, protože věděli, že děkovat za všech okolností je opravdová víra. Když byl Daniel vhozen do lví jámy, protože následoval Boží zákon, stalo se to vítězstvím víry. I kdyby ho lvi bývali sežrali, byl by býval padl do Božího náručí a žil ve věčném Božím království. Bez ohledu na výsledek v něm nebyl žádný strach! Pokud člověk pevně věří v nebe, nemůže se bát smrti. I kdyby měl Daniel žít v pokoji jako vládce nad královstvím hned po králi, byla by to pouze dočasná pocta. Avšak kdyby si měl uchovat svou víru a zemřít mučednickou smrtí, Bůh by ho uznal, pokládal by ho za velkého v nebeském království a žil by ve věčné oslnivé slávě. Proto byla jediná věc, kterou udělal, vzdání díků.

Za čtvrté, Daniel nikdy nezhřešil. Měl víru, kterou následoval a uskutečňoval Boží slovo.

Ohledně jeho správy království neexistovala proti Danielovi žádná záminka. Nebyla u něj nalezena žádná stopa po korupci, nedbalosti nebo nečestnosti. Jak čistý byl jeho život!

Vůči králi, který poručil, aby ho vhodili do jámy se lvy, necítil Daniel žádnou lítost a nechoval vůči němu žádné špatné emoce. Namísto toho byl králi stále věrný až do bodu, kdy k němu promluvil: „Králi, navěky buď živ!" Kdyby na něj dolehla tato zkouška kvůli tomu, že se dopouštěl hříchů, Bůh by ho nemohl ochránit. Ale protože Daniel nehřešil, Bůh ho mohl ochránit.

Za páté, Daniel měl takovou víru, že plně důvěřoval Bohu samotnému.

Pokud máme uctivou bázeň před Bohem, zcela na něj

spoléháme a vkládáme do jeho rukou každou svou záležitost, vyřeší za nás všemožné problémy. Daniel plně důvěřoval Bohu a zcela na něj spoléhal. A tak nedělal kompromisy se světem, ale zvolil si Boží zákon a požádal Boha o pomoc. Bůh viděl Danielovu víru a působil u něj pro dobro všeho. Požehnání se přidala k požehnáním, takže mohl být ve výsledku Bůh oslaven.

Pokud máme stejnou víru, jako měl Daniel, tak bez ohledu na to, s jakými zkouškami a potížemi se setkáme, můžeme je překonat, obrátit je v příležitosti k požehnání a nést svědectví o živém Bohu. Nepřítel ďábel obchází jako lev řvoucí a snaží se najít, koho by pohltil. A tak musíme odporovat ďáblovi se silnou vírou a žít pod Boží ochranou tak, že budeme zachovávat Boží slovo a přebývat v něm.

Prostřednictvím zkoušek, které na nás přicházejí a trvají jen krátce, vás Bůh obnoví, utvrdí, posílí a postaví na pevný základ (1 Petrův 5:10). Kéž získáte stejnou víru jako Daniel, chodíte s Bohem po celý čas a vzdáváte mu chválu. Takto se modlím ve jménu našeho Pána Ježíše Krista!

Kapitola 7

Bůh opatří

Vtom na něj z nebe zavolal Hospodinův anděl:
„Abrahame, Abrahame!" „Zde jsem," odpověděl.
„Nevztahuj ruku na chlapce!" řekl on. „Nic mu nedělej!
Už jsem poznal, že jsi bohabojný
– vždyť jsi kvůli mně neušetřil svého syna, svého jediného."
Abraham tedy vzhlédl a hle, uviděl za sebou berana uvízlého
za rohy v křoví. Abraham tedy šel,
vzal toho berana a obětoval
ho jako zápalnou oběť místo svého syna.
To místo pak Abraham nazval
„Hospodin opatří", takže se dodnes říká:
„Na Hospodinově hoře se opatří."

Genesis 22:11-14

Jehovah-jireh! (Hospodin opatří!) Jak vzrušující a milé je to jen uslyšet! Znamená to, že Bůh se na všechno připravuje předem. V dnešní době mnoho věřících v Boha slyší a ví o tom, že Bůh působí předem, připravuje pro nás věci předem a vede nás předem. Většině lidí se však nepodaří zakusit toto Boží slovo na vlastní kůži ve svých věřících životech.

Slovo „Jehovah-jireh" je slovo požehnání, spravedlnosti a naděje. Každý po těchto věcech velmi touží a dychtí. Pokud si neuvědomíme cestu, ke které se toto slovo vztahuje, nemůžeme vstoupit na cestu požehnání. A tak si nesmírně přeji se s vámi podělit o víru Abrahama jako příkladu člověka, který toto požehnání „Jehovah-jireh" od Boha získal.

1. Abraham kladl Boží slovo na první místo nade vše

Ježíš říká v Markovi 12:30: *„Miluj Hospodina, Boha svého, z celého svého srdce, z celé své mysli a z celé své síly!"* Jak je popsáno v Genesis 22:11-14, Abraham miloval Boha do té míry, že s ním mohl komunikovat tváří v tvář, uvědomoval si Boží vůli a obdržel požehnání Jehovah-jireh. Měli byste si v první řadě uvědomit, že nebyla vůbec žádná náhoda, že toto všechno dostal.

Abraham měl Boha na prvním místě nade vše a pokládal jeho slovo za cennější než cokoliv jiného. A tak nenásledoval své vlastní myšlenky a byl vždy připraven Boha poslechnout. Protože stál v pravdě vůči Bohu a sobě samotnému bez jakékoliv lži, byl v hloubi svého srdce připraven obdržet požehnání.

Bůh řekl Abrahamovi v Genesis 12:1-3: *„Odejdi ze své země, ze svého rodiště a z domu svého otce do země, kterou ti ukážu. Učiním tě velkým národem, požehnám tě, velké učiním tvé jméno. Staň se požehnáním! Požehnám těm, kdo žehnají tobě, prokleji ty, kdo ti zlořečí. V tobě dojdou požehnání veškeré čeledi země."*

Kdyby v této situaci Abraham přemýšlel po lidsku, cítil by se poněkud ustaraně, kdyby mu Bůh nařídil, aby odešel ze své země, ze svého rodiště a z domu svého otce. Ale on pokládal za nejpřednějšího Boha Otce, Stvořitele. Když takto činil, mohl poslechnout a následovat Boží vůli. Stejně tak může poslechnout Boha s radostí kdokoliv, pokud ho opravdu miluje. To proto, že věří tomu, že Bůh u něho působí pro dobro všeho.

Mnoho částí Bible nám ukazuje na mnoho otců víry, kteří kladli Boží slovo na první místo a chodili podle tohoto Slova. 1 Královská 19:20-21 říká: *„Elíša opustil dobytek, rozběhl se za Elijášem a řekl: ,Dovol, ať políbím otce a matku. Pak půjdu za tebou.' On mu řekl: ,Jdi a vrať se! Nezapomeň, co jsem ti učinil.' Obrátil se tedy od něho, vzal spřežení dobytčat a obětoval je. Maso uvařil na dříví z jejich jha a dal je lidu, a ti jedli. Potom vstal, šel za Elijášem a přisluhoval mu."* Když Bůh povolal skrze Elijáše Elíšu, ten neprodleně opustil všechno, co měl a následoval ho podle Boží vůle.

Stejné to bylo s Ježíšovými učedníky. Když je Ježíš povolal, oni ho hned následovali. Matouš 4:18-22 nám říká: *„Když [Ježíš] procházel podél Galilejského moře, uviděl dva bratry, Šimona zvaného Petr a jeho bratra Ondřeje, jak vrhají síť do moře; byli totiž rybáři. Řekl jim: ‚Pojďte za mnou a učiním z vás rybáře lidí.' Oni hned nechali sítě a šli za ním. O něco dále uviděl jiné dva bratry, Jakuba Zebedeova a jeho bratra Jana, jak na lodi se svým otcem Zebedeem spravují sítě; a povolal je. Ihned opustili loď i svého otce a šli za ním."*

To je důvod, proč vás naléhavě žádám, abyste získali víru, kterou dokážete poslechnout, ať bude Boží vůle jakákoliv, a kladli Boží slovo na první místo, aby u vás mohl Bůh svou mocí působit pro dobro všeho.

2. Abraham vždy odpověděl: „Ano!"

Podle Božího slova Abraham opustil svou zemi, Cháran, a sestoupil do Kenaanské země. Ale protože zde na něj těžce doléhal hlad, musel se přesunout do Egypta (Genesis 12:10). Když se zde přestěhoval, nazýval Abraham svou ženu ‚sestrou', aby se chránil před tím, že by ho někdo zavraždil. Ohledně toho někteří lidé říkají, že klamal lidi okolo sebe, když jim říkal, že jde o jeho sestru, protože se bál a byl zbabělec. Ve skutečnosti jim však nelhal, ale pouze přemýšlel po lidsku. Je skutečně dokázáno, že když mu bylo nařízeno, aby opustil svou zemi, poslechl beze

strachu. Takže není pravda, že lidi klamal řečmi o tom, že jde o jeho sestru, protože by byl zbabělec. Udělal to nejenom proto, že byla ve skutečnosti jednou z jeho sestřenic, ale také proto, že si myslel, že bude lepší ji nazývat ,sestra' raději než ,manželka.'
Zatímco pobýval v Egyptě, Bůh Abrahama tříbil, takže mohl zcela spoléhat na Boha svou dokonalou vírou bez toho, aby následoval lidskou moudrost a myšlení. Byl vždy připraven poslechnout, ale zůstávaly v něm tělesné myšlenky, které bylo zapotřebí zavrhnout. Prostřednictvím této zkoušky Bůh způsobil, že se k němu choval egyptský faraón velmi dobře. Bůh Abrahamovi velmi požehnal, takže měl brav a skot a osly i otroky a otrokyně i oslice a velbloudy.

To nám vypovídá o tom, že když na nás přijdou zkoušky, protože neposloucháme, musíme utrpět potíže, zatímco pokud přijdou zkoušky kvůli našemu tělesnému myšlení, které jsme ještě nezavrhli, ačkoliv jsme poslušní, Bůh působí pro dobro všeho.

Tato zkouška Abrahamovi umožnila říkat pouze „Amen" a poslechnout ve všem. Později mu Bůh přikázal, aby obětoval svého jediného syna Izáka jako zápalnou oběť. V Genesis 22:1 čteme: *„Po těch událostech chtěl Bůh Abrahama vyzkoušet. Řekl mu: ‚Abrahame!' Ten odvětil: ‚Tu jsem.'"*

Když se narodil Izák, Abraham měl sto let a jeho žena, Sára, měla devadesát let. Co se týče rodičů, bylo pro ně naprosto nemožné, aby počali dítě, ale pouze z Boží milosti a z Božího příslibu se jim narodil syn a tento syn jim byl dražší než cokoliv jiného. Kromě toho, byl semínkem Božího příslibu. To je důvod, proč byl Abraham tak ohromen, když mu Bůh nařídil, aby obětoval svého syna jako zápalnou oběť, podobně jako se obětuje zvíře! To překračovalo jakékoliv lidské představy.

Protože však Abraham věřil, že Bůh bude moci vzkřísit jeho syna z mrtvých, dokázal poslechnout Boží příkaz (Židům 11:17-19). V jiném ohledu, protože všechny jeho tělesné myšlenky byly zničeny, dokázal mít víru, kterou byl schopen obětovat svého jediného syna Izáka jako zápalnou oběť.

Bůh tuto Abrahamovu víru viděl a připravil berana pro zápalnou oběť, aby Abraham nemusel vztahovat ruku na svého syna. Abraham za sebou našel berana uvízlého za rohy v křoví a vzal toho berana a obětoval ho jako zápalnou oběť místo svého syna. A pak nazval toto místo ‚Hospodin opatří.'

Bůh pochválil Abrahama za jeho víru v Genesis 22:12 slovy: *„Právě teď jsem poznal, že jsi bohabojný, neboť jsi mi neodepřel svého jediného syna"* a dal mu úžasné zaslíbení v podobě požehnání ve verších 17-18: *„Jistotně ti požehnám a tvé potomstvo jistotně rozmnožím jako nebeské hvězdy a jako písek na mořském břehu. Tvé potomstvo obdrží bránu svých nepřátel a ve tvém potomstvu dojdou požehnání všechny pronárody země, protože jsi uposlechl mého hlasu."*

Třebaže vaše víra nedosahuje úrovně víry Abrahamovy, i vy můžete občas zakoušet požehnání ‚Hospodin opatří.' Když se chystáte něco udělat, přijdete na to, že Bůh to pro vás už připravil. To proto, že vaše srdce se pro tuto chvíli podobalo Božímu srdci. Pokud dokážete získat stejnou víru, jakou měl Abraham a zcela poslouchat Boha, budete žít v požehnání ‚Hospodin opatří' kdekoliv a kdykoliv. Jak úžasný život v Kristu to je!

Abyste získali požehnání Jehovah-jireh, ‚Hospodin opatří', musíte říct „Amen" na jakýkoliv Boží příkaz a chodit pouze podle Boží vůle, aniž byste jakkoliv trvali na svých vlastních myšlenkách. Musíte si u Boha získat uznání. To je důvod, proč nám Bůh říká, že poslušnost je lepší než oběť (1 Samuelova 15:22).

Způsobem bytí byl Ježíš roven Bohu, přesto na své rovnosti nelpěl, ale sám sebe zmařil, vzal na sebe způsob služebníka a stal se jedním z lidí. V podobě člověka se ponížil a v poslušnosti podstoupil i smrt (Filipským 2:6-8). Ohledně Ježíšovy dokonalé poslušnosti říká 2 Korintským 1:19-20: *„Vždyť Boží Syn Ježíš Kristus, kterého jsme u vás zvěstovali my – já a Silvanus a Timoteus – nebyl zároveň ‚ano' i ‚ne', nýbrž v něm jest jasné ‚Ano'! Ke všem zaslíbením Božím, kolik jich jen jest, bylo v něm řečeno ‚Ano.' A proto skrze něho zní i naše ‚Amen' k slávě Boží."*

Protože jediný Boží syn říkal pouze „Ano", musíme i my bezpochyby říct „Amen" na jakékoliv Boží slovo a vzdát Bohu slávu za požehnání ‚Hospodin opatří.'

3. Abraham usiloval ve všem o pokoj a svatost

Protože kladl Boží slovo na první místo nade vše a miloval Boha více než všechno ostatní, říkal Abraham na Boží slovo pouze „Amen" a zcela Boha poslouchal, takže v něm Bůh mohl najít zalíbení.

Nadto se stal zcela posvěceným a vždy usiloval o pokoj se všemi okolo, takže mohl získat u Boha uznání.

V Genesis 13:8-9 řekl svému synovci Lotovi: *„Ať nejsou rozepře mezi mnou a tebou a mezi pastýři mými a tvými, vždyť jsme muži bratři. Zdalipak není před tebou celá země? Odděl se prosím ode mne. Dáš-li se nalevo, já se dám napravo. Dáš-li se ty napravo, já se dám nalevo."*

Byl starší než Lot, přesto se obětoval a dal Lotovi možnost si vybrat zemi, aby udržel pokoj. To proto, že ve své duchovní lásce neusiloval o vlastní prospěch, ale o prospěch druhých. Stejně tak, pokud žijete v pravdě, tak abyste měli pokoj s každým, neměli byste se hádat ani vychloubat.

V Genesis 14:12, 16 najdeme, že když Abraham uslyšel, že byl jeho synovec Lot vzat do zajetí, vytrhl se svými třemi sty osmnácti zasvěcenci, zrozenými v jeho domě, a pronásledoval útočníky. Přinesl všechno jmění zpět a přivedl nazpět také svého příbuzného Lota s jeho jměním, rovněž ženy a lid. A protože byl zcela přímý a chodil po správné cestě, dal Malkísedekovi, šálemskému králi, desátek ze všeho a zbytek navrátil sodomskému králi se slovy: „*Z ničeho, co je tvé, nevezmu nitku ani řemínek k opánkům, abys neřekl: ,Já jsem učinil Abrama bohatým'*" (v. 23). Abraham tudíž neusiloval pouze o pokoj v každé záležitosti, ale také chodil bezúhonnou a přímou cestou.

Židům 12:14 říká: „*Usilujte o pokoj se všemi a o svatost, bez níž nikdo nespatří Pána.*" Horlivě vás proto nabádám k tomu, abyste si uvědomili, že Abraham mohl získat požehnání Jehovah-jireh, ,Hospodin opatří', protože usiloval o pokoj se všemi a dosáhl posvěcení. Také vás nabádám k tomu, abyste se stali takovým člověkem, jakým byl on.

4. Věřit v moc Boha Stvořitele

Abychom obdrželi požehnání ,Hospodin opatří', musíme věřit v Boží moc. Židům 11:17-19 nás učí: „*Abraham věřil, a proto šel obětovat Izáka, když byl podroben zkoušce. Svého jediného syna byl hotov obětovat, ačkoli se mu dostalo zaslíbení a bylo mu řečeno: ,Z Izáka bude pocházet tvé potomstvo.' Počítal s tím, že Bůh je mocen vzkřísit i mrtvé. Proto dostal Izáka zpět jako předobraz budoucího vzkříšení.*" Abraham věřil v moc Boha Stvořitele, která učiní všechno možným, a tak mohl poslechnout Boha, aniž by následoval jakékoliv tělesné a lidské myšlenky.

Co byste udělali, kdyby vám Bůh nařídil, abyste obětovali

svého jediného syna jako zápalnou oběť? Pokud věříte v Boží moc, díky které není nic nemožné, tak bez ohledu na to, jak hrozné to je, byste dokázali poslechnout. Potom byste obdrželi požehnání ‚Hospodin opatří.'

Protože je Boží moc neomezená, Bůh připravuje předem, uskutečňuje a odplácí nám požehnáním, pokud zcela posloucháme, aniž bychom měli jakékoliv tělesné myšlenky, stejně jako tomu bylo u Abrahama. Pokud máme něco, co milujeme více než Boha nebo říkáme „Amen" pouze na věci, se kterými souhlasíme v našich myšlenkách a teoriích, nemůžeme nikdy obdržet požehnání ‚Hospodin opatří.'

Jak je řečeno ve 2 Korintským 10:4-5: „*Jimi boříme lidské výmysly a všecko, co se v pýše pozvedá proti poznání Boha. Uvádíme do poddanství každou mysl, aby byla poslušna Krista,*" tak abychom získali a zakusili požehnání ‚Hospodin opatří', musíme odhodit každou lidskou myšlenku a získat duchovní víru, se kterou můžeme říct „Amen." Kdyby Mojžíš neměl duchovní víru, jak by mohl rozdělit Rudé moře na dvě části? Jak by mohl bez duchovní víry zničit Jozue město Jericho?

Pokud poslechnete pouze ve věcech, se kterými souhlasíte ve svých vlastních myšlenkách a podle svého vlastního poznání, nelze to nazývat duchovní poslušnost. Bůh vytváří něco z ničeho, tak jak by mohla být jeho moc stejná jako síla a poznání člověka, který vytváří něco z něčeho?

V Matoušovi 5:39-44 čteme následující. „*Já však vám*

pravím, abyste se zlým nejednali jako on s vámi; ale kdo tě uhodí do pravé tváře, nastav mu i druhou; a tomu, kdo by se chtěl s tebou soudit o košili, nech i svůj plášť. Kdo tě donutí k službě na jednu míli, jdi s ním dvě. Kdo tě prosí, tomu dej, a kdo si chce od tebe vypůjčit, od toho se neodvracej. Slyšeli jste, že bylo řečeno: ‚Milovati budeš bližního svého a nenávidět nepřítele svého.' Já však pravím: ‚Milujte své nepřátele a modlete se za ty, kdo vás pronásledují.'"

Jak mnoho se toto slovo Boží pravdy liší od našeho vlastního myšlení a poznání? To je důvod, proč vás nabádám, abyste měli na paměti, že pokud se pokoušíte říct „Amen" pouze na to, co se shoduje s vaším myšlením, nemůžete dosáhnout Božího království a získat požehnání Jehovah-jireh, ‚Hospodin opatří.'

Dokonce, i když vyznáváte víru ve všemohoucího Boha, měli jste potíže, starosti a obavy, když jste čelili nějakým problémům? Potom vaši víru nelze pokládat za opravdovou víru. Jestliže máte opravdovou víru, musíte důvěřovat Boží moci a svěřit jakýkoliv problém do jeho rukou s radostí a díky.

Kéž každý z vás klade na první místo Boha, je dostatečně poslušný na to, aby řekl „Amen" na každé Boží slovo, usiluje o pokoj se všemi lidmi ve svatosti a věří v moc Boha, který je mocen vzkřísit mrtvého znovu do života, tak abyste mohli získat požehnání ‚Hospodin opatří' a těšit se z něho. Takto se modlím ve jménu našeho Pána Ježíše Krista!

O autorovi:
Dr. Jaerock Lee

Dr. Jaerock Lee se narodil v roce 1943 v Muanu, v provincii Jeonnam, v Korejské republice. Ve svých dvaceti letech trpěl Dr. Lee po dobu sedmi let rozmanitými nevyléčitelnými chorobami a očekával smrt bez jakékoliv naděje na uzdravení. Jednoho jarního dne v roce 1974 ho jeho sestra odvedla na církevní shromáždění, a když poklekl, aby se pomodlil, živý Bůh ho okamžitě uzdravil ze všech jeho nemocí.

Od chvíle, kdy se skrze tuto úžasnou zkušenost Dr. Lee setkal s živým Bohem, začal Boha upřímně milovat celým svým srdcem a v roce 1978 byl povolán k tomu, aby se stal Božím služebníkem. Vroucně se modlil a nesčetněkrát držel spolu s modlitbami půst, aby mohl jasně porozumět Boží vůli, cele ji vykonávat a být poslušný Božímu slovu. V roce 1982 založil v Soulu, v Jižní Koreji, církev Manmin Central Church, kde se koná nesčetné Boží dílo včetně nadpřirozených uzdravení, znamení a zázraků.

V roce 1986 byl Dr. Lee při výročním shromáždění církve Jesus' Sungkyul Church of Korea ustanoven pastorem a o čtyři roky později, v roce 1990, začala být jeho kázání vysílána prostřednictvím rozhlasových stanic the Far East Broadcasting Company, the Asia Broadcast Station a the Washington Christian Radio System v Austrálii, Rusku, na Filipínách a v mnoha dalších zemích.

O tři roky později, v roce 1993, byla církev Manmin Central Church vybrána časopisem *Christian World* (USA) mezi „50 nejpřednějších církví na světě" a Dr. Lee obdržel od fakulty Christian Faith College na Floridě čestný doktorát z teologie. V roce 1996 získal za svou službu od semináře Kingsway Theological Seminary v Iowě titul Ph. D.

Od roku 1993 převzal Dr. Lee vedení světové misie prostřednictvím mnoha zahraničních cest do amerických měst Los Angeles, Baltimoru a New Yorku, dále na Havaj, do Tanzánie, Argentiny, Ugandy, Japonska, Pákistánu, Keni, na Filipíny, do Hondurasu, Indie, Ruska, Německa, Peru, Demokratické republiky Kongo a do Izraele.

V roce 2002 byl většinou křesťanských novin v Koreji kvůli své mocné službě na rozmanitých zahraničních kampaních nazván „celosvětovým evangelistou." ‚Kampaň v New Yorku 2006', která se konala v Madison Square Garden, nejznámější hale na světě, se vysílala 220 národům a na ‚Sjednocené kampani v Izraeli 2009' pořádané v ICC (International Convention Center) v Jeruzalémě prohlašoval, že Ježíš Kristus je Mesiáš a Spasitel. Jeho kázání se vysílají přes satelit včetně GCN TV 176 národům a v žebříčku se podle populárního ruského křesťanského časopisu *In Victory* a nové zpravodajské agentury *Christian Telegraph* za svou mocnou službu v oblasti TV vysílání a za svou zahraniční církevní pastorační službu umístil jako jeden z 10 nejvlivnějších křesťanských vůdců roku 2009 a 2010.

K Říjen 2018 je církev Manmin Central Church kongregací s více než 130 000 členy. Má rovněž 11 000 poboček po celé zeměkouli včetně 56 domácích poboček a doposud vyslala více než 98 misionářů do 26 zemí včetně Spojených států, Ruska, Německa, Kanady, Japonska, Číny, Francie, Indie, Keni a mnoha dalších.

Ke dni vydání této knihy napsal Dr. Lee 112 knih včetně bestselerů *Ochutnání Věčného Života před Smrtí (Tasting Eternal Life before Death)*, *Můj Život, Má Víra I & II (My Life My Faith I & II)*, *Poselství Kříže (The Message of the Cross)*, *Měřítko Víry (The Measure of Faith)*, *Nebe I & II (Heaven I & II)*, *Peklo (Hell)* a *Boží Moc (The Power of God)*. Jeho díla byla přeložena do více než 76 jazyků.

Jeho křesťanské sloupky se objevují v *The Hankook Ilbo, The JoongAng Daily, The Dong-A Ilbo, The Seoul Shinmun, The Hankyoreh Sinmun, The Korea Economic Daily, The Shisa News,* a v *The Christian Press.*

Dr. Lee je v současné době vedoucím mnoha misionářských organizací a asociací včetně: předseda The United Holiness Church of Jesus Christ; stálý prezident The World Christianity Revival Mission Association; zakladatel & předseda výboru Global Christian Network (GCN); zakladatel & předseda výboru World Christian Doctors Network (WCDN); a zakladatel & předseda výboru Manmin International Seminary (MIS).

Další mocné knihy od stejného autora

Nebe I & II

Podrobný náčrt úžasného životního prostředí, z kterého se budou těšit nebeští občané a krásný popis různých úrovní nebeských království.

Poselství Kříže

Mocné poselství vyzývající k probuzení všechny lidi, kteří duchovně spí! V této knize najdete skutečnou Boží lásku a důvod, proč je Ježíš jediným Spasitelem.

Peklo

Vážné poselství celému lidstvu od Boha, který si přeje, aby ani jedna duše nepropadla do hloubek pekla! Objevíte nikdy předtím nezjevený popis kruté reality dolního podsvětí a pekla.

Duch, Duše a Tělo I & II

Průvodce, který nám umožní duchovní porozumění duchu, duši a tělu a pomůže nám objevit, jaký druh ‚já' jsme si vytvořili, abychom pak mohli získat moc porazit temnotu a stát se člověkem ducha.

Měřítko Víry

Jaký nebeský příbytek, koruna a odměna jsou pro vás připraveny v nebi? Tato kniha vám poskytne moudrost a vedení, abyste dokázali změřit svou víru, co nejlépe ji tříbit a dozrát v ní.

Probuď se, Izraeli!

Proč Bůh od počátku tohoto světa až do dnešního dne upírá své oči právě na Izrael? Jakou prozíravost v posledních dnech připravil pro Izrael, který stále očekává Mesiáše?

Můj Život, Má Víra I & II

Nejvoňavější duchovní vůně vytažená z života, který vykvetl z nepřekonatelné Boží lásky uprostřed temných vln, chladného jha a nejhlubšího zoufalství.

Boží Moc

Četba, která slouží jako nepostradatelný průvodce, díky němuž můžete získat opravdovou víru a zažít úžasnou Boží moc.

www.urimbooks.com

www.ingramcontent.com/pod-product-compliance
Lightning Source LLC
LaVergne TN
LVHW041616070526
838199LV00052B/3170